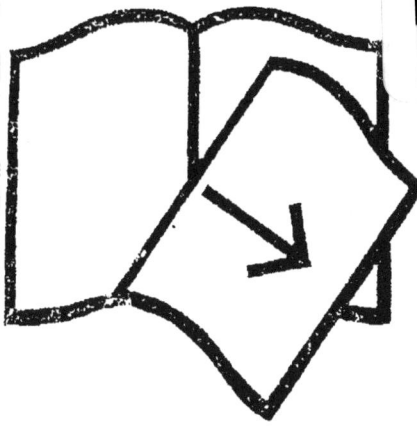

Couvertures supérieure et inférieure
manquantes

LES VOYAGES

DE

BALTHASAR DE MONCONYS

ET

L'HISTOIRE DE LA SCIENCE

De cet ouvrage il a été tiré :

Sur papier ordinaire.   450
Sur papier de Hollande   50
                                                    ———
                                                      500

LES VOYAGES

DE

BALTHASAR DE MONCONYS

Documents pour l'Histoire de la Science

AVEC UNE INTRODUCTION

PAR M. CHARLES HENRY

PARIS
LIBRAIRIE SCIENTIFIQUE A. HERMANN
8, RUE DE LA SORBONNE, 8
1887

A Monsieur JULES LAFORGUE.

INTRODUCTION

Les érudits connaissent tous Balthasar de Monconys et ses trois rarissimes in-4° de Voyages. Publié à Lyon en 1665-1666, réimprimé vingt-neuf ans plus tard en cinq volumes in-12 qui ne sont pas moins rares, cet ouvrage fut traduit en allemand à Leipzig par Charles Juncker (1697). Libri y trouve une relation précieuse des opinions philosophiques de Galilée[1] ; Poggendorff le mentionne souvent, par exemple dans l'histoire du thermomètre[2] ; M. Zerener a dû le citer pour des renseignements sur Otto de Guericke[3] ; M. Paul Lacroix en a extrait des documents précieux sur l'art et la curiosité[4] ; enfin M. le docteur Legué, dans son beau volume sur Urbain

---

[1] *Histoire des Sciences mathématiques en Italie*, tome IV, page 292.

[2] *Histoire de la Physique, traduction française*, pages 232 et suivantes.

[3] *Revue Scientifique*, tome II, 3ᵉ série, page 59.

[4] *Annuaire des Artistes et des Amateurs*, 1861, pages 259 et suivantes .

Grandier[1], *rapporte l'entrevue de notre voyageur avec la supérieure des religieuses de Loudun dont il fit sauter de l'ongle un des prétendus stigmates.*

Né à Lyon en 1611, fils du lieutenant criminel de cette ville, descendant d'une ancienne maison de Bourgogne, Balthasar de Monconys commença ses études au collège des Jésuites. En 1628, une peste qui désola une partie de l'Europe fut le prétexte qui lui servit auprès de sa famille d'impérieux motif de voyager. Dès sa plus tendre enfance, il avait voulu, comme le dit l'Advertissement au Lecteur, « *estre luy-mesme l'inspecteur de ce que la Nature a le plus caché aux hommes, et de ce que les hommes cachent le plus à la Nature, c'est à dire leurs mœurs, et la fin de leurs actions* ». *Il alla prendre ses grades à l'Université de Salamanque. Il avait bien l'intention d'aller jusqu'aux Indes et en Chine, mais l'amour paternel et la tendresse d'une belle-sœur* « *la plus vertueuse qui fut iamais* » *l'obligèrent de revenir à Lyon où on l'attacha par une charge de conseiller.*

Il se jeta alors dans l'alchimie et l'astrologie judiciaire ; mais n'ayant pu « *rassasier son esprit d'une nourriture si creuse et si legere, dit l'Advertissement, il tourna toutes ses pensées à la belle Physique et aux Mathématiques* ». *Cet éloignement de l'alchimie et de la judiciaire est-il certain ?*

---

[1] *Urbain Grandier et les Possédées de Loudun.* Nouvelle édition. Paris, 1884, G. Charpentier.

*Il est difficile de le croire, à considérer les innom-
brables recettes et secrets qui encombrent le* Journal des
Voyages *et ne sont pas un des moindres empêchements à
sa lecture. En tout cas, Monconys fut de ces assemblées
savantes qui se tenaient chez M. de Montmor, et d'où
devait sortir l'Académie des Sciences. Il y connut Gassendi,
Thévenot, Justel, Pascal, Petit, Roberval, de La Chambre,
Auzout, etc., et y lut un* Discours sur l'ascension de
l'eau sur un niveau en un tuyau estroit, *autrement dit
sur les phénomènes capillaires, qui passionnaient alors le
monde savant*[1].

Il rédigea aussi avec la terminologie de Viète une
Algèbre élémentaire. *Il fut poète latin, même poète français ; de ses sonnets et de ses stances amoureuses, le
mieux est de ne rien citer. Si, à l'en croire, il ne gagna
pas toujours les cœurs qui l'avaient enamouré, il conquit
du moins les bonnes grâces du chancelier Séguier ; il fut
chargé d'une mission à Rome par le duc de Luynes, s'en
acquitta très heureusement, et eut l'honneur d'accompagner
en Angleterre, en Hollande, en Allemagne et en Italie le
duc de Chevreuse* (1663-1664). *Ce fut son dernier voyage.
Le premier, de* 1628, *s'était borné à l'Espagne ; le second
avait exploré le Portugal, la Provence, l'Italie* (1645-
1646), *l'Égypte, la Syrie, Constantinople, l'Anatolie*

---

[1] Voir mon article sur *l'Histoire de la Théorie de la Capil-
larité.* (*Revue de l'Enseignement secondaire et supérieur*
1er octobre 1884.)

2

(1647-1648). *A peine fut-il de retour pour recueillir l'hé-*
ritage de M. de Liergues, son frère, et remplir sa charge de
lieutenant criminel, qu'il fut obligé de s'aliter. Il mourut
le 28 avril 1665.

Le premier voyage de Monconys ne pouvait être inté-
ressant; l'auteur avait dix-sept ans; mais les autres
sont une mine de précieux documents scientifiques. A
peine arrivé dans une ville, le voyageur s'informe des
amateurs de science; il nous en donne les noms. Il s'informe des livres récents les plus remarquables et les
achète; il nous en cite les titres. Il résume autant qu'il est
en son pouvoir ses conversations avec les savants: dire
que ces savants s'appellent Reinieri, Torricelli, Viviani,
Oldembourg, Lefèvre, Boile, Wren, Willis, Vossius,
Hudde, Sluze, etc., c'est dire l'intérêt de ces relations
qui ne sont pas toujours claires, mais que rien ne peut
remplacer. Il assiste aux débuts de la Société royale de
Londres, et nous donne des comptes rendus très vivants
de ses séances, complément utile de l'Histoire de la
Société, par Birch.

Ses entretiens avec un prince de Bragance (sans doute
don Théodose, né duc de Barcellos le 8 février 1634,
mort universellement regretté le 15 mai 1653, avec la
réputation du grandissime savoir) nous donnent des renseignements bien imprévus sur la diffusion à la cour de
Portugal des idées galiléennes en 1646, et font grand
honneur à ce prince qui ne devait pas être le seul astronome de son illustre famille. Ce qui dans la science de

*son temps semble l'avoir le plus vivement frappé, ce sont
les thermomètres, les microscopes et les larmes bataviques ; ce qu'il semble avoir pratiqué avec le plus de
goût, ce sont les mesures de densité des différentes eaux ;
peut-être qu'un jour ces mesures ne seront pas jugées
inutiles à la géographie comparée. En attendant, il s'est
beaucoup intéressé aux possédées — en sceptique, ce qui
le range parmi les meilleurs esprits de son temps.*

*Est particulièrement précieuse la relation de son entre-
vue, en 1646, avec Magdeleine de La Palud, qui, en
1610, avait été possédée de six mille sept cent-soixante
diables environ, parmi lesquels Asmodée et Belzébub.*

*Magdeleine a-t-elle dit à Monconys la vérité à l'égard
de Gauffridy ? Évidemment non. C'est même une caracté-
ristique bien constatée de ces affections névropatiques
qu'une propension irrésistible au mensonge.*

*Je n'en dirai pas plus long sur Monconys : les spécia-
listes de chaque ordre apprécieront mieux que je ne sau-
rais l'expliquer tout l'intérêt des récits du vieux voyageur.*

CHARLES HENRY.

P. S. — M. Aimé Vingtrinier, Bibliothécaire de Lyon, que je
pris la liberté de questionner sur Monconys m'apprend que « sa
bibliothèque ne contenait que 2000 volumes, mais tous livres de
choix et reliés par Le Gascon : ses armoiries étaient d'azur à
deux fasces, la première ondée d'or, la seconde simple et d'argent ; sa maison était au pied du chemin neuf ; elle portait le
nom de maison du port. »

Le texte fragmentaire ci-après publié est strictement conforme, — orthographe, ponctuation, coquilles, signes et sigles, — à celui de l'édition princeps.

LES VOYAGES

DE

BALTHASAR DE MONCONYS

VOYAGE DE PORTUGAL

[A Blois.] Le 29 [auril 1645]. i'y seiournay pour y
voir le Château que M. le Duc d'Orleans faisoit bâtir,
et son admirable iardin de simples, qui passe les plus
beaux qui soient en Europe : entre lesquels i'y vis *la
Sensitiue* presentement assez commune parmi les Bota-
niques, et le *Geranium noctu odoratum.* Ie puis bien remarquer vne très-belle et longue Gallerie qu'il y a dans ce
iardin, qu'Henry IV. a fait bâtir de belle pierre de taille,
laquelle est percée de tous les quatre costez, et deux
cisternes d'vne Architecture admirable, auec vn puis
d'vne extraordinaire largeur, fait de mesme matiere :
Mais ces beautés inanimées ne sont point comparables
a vn des premiers Geometres et des plus sçauans
hommes de France, M. le Conseiller de Beaune [1],

---

[1] Florimond de Beaune, né en 1601, mort en 1652, connu
pour des perfectionnements apportés au microscope et d'excellents commentaires de la *Géométrie* de Descartes.

auec lequel ie demeuray les deux dernieres heures de
cette journée.

Le 30. ie m'arrestay audit lieu pour profiter plus
longtemps de l'entretien d'vn si sçauant homme, et pour
esprouuer vn excellent Telescope qu'il auoit fait dans
vn Laboratoire dressé expres chez luy. Pour cela ie
n'auois pas la pratique que j'ai eüe despuis de cét
instrument ; c'est pourquoi ie ne sçaurois asseurer de
l'effet qu'il faisoit, quoyqu'il me le prestast pour voir
la Lune de mon logis, qui estoit plus commode que le
sien.

Le 3 [may]. ie seiournay à Tours m'informant des
personnes curieuses et de merite ; on m'indiqua M. Vsin
Aduocat du Roy au Bureau des Thresoriers, amateur de
toutes les belles Sciences, et principalement de la Philosophie de M. Descartes, que la beauté et la force de
son Genie luy faisoit embrasser, quoyqu'elle ne fût pas
alors dans la haute estime où elle est aujourdhuy. Il
me donna aussi la connoissance de M. de Malledent qui
estoit plus dans la Philosophie Hermetique.

[A Loudun.] Le 8. au matin i'allay voir la Superieure
des Vrselines jadis possedée selon l'opinion commune,
ce qui m'auoit donné la curiosité de la voir. Ie la fus
donc demander et i'eus la patience de l'attendre dans le
parloir plus d'vne grosse demi-heure. Ce retardement
me fit soupçonner quelque artifice : c'est pourquoy
apres luy auoir fait compliment ie la priay de me monstrer les caracteres que le Demon qui la possedoit

auoir marquez sur sa main, lors qu'on l'exorcizoit ;
ce qu'elle fit, et tirant le gant qu'elle auoit à sa main
gauche, i'y vis en lettres de couleur de sang sur le dos,
commençant du poignet iusqu'au petit doigt, *Iesus* ;
au dessous tirant vers l'épaule, *Maria* ; plus bas, *Ioseph* ;
et plus bas à la quatriesme ligne, *F. de Salles*. Elle
me dit toutes les meschancetez du Prestre Grandier
qui auoit esté bruslé, pour auoir donné le malefice au
Conuent, et comme vn Magistrat de la Ville, duquel
il desbauchoit la femme, s'en estoit plaint à elle et que
de concert ils l'auoient dénoncé, nonobstant les fortes
inclinations que ce mal-heureux luy causoit par ses sor-
tileges, dont la misericorde de Dieu la preseruoit.
Enfin je pris congé d'elle et auparauant ie souhaitay
de reuoir sa main, qu'elle me donna fort ciuilement au
trauers de la grille ; alors la considerant bien, ie luy
fis remarquer que le rouge des lettres n'estoit plus si
vermeil, que quand elle estoit venuë, et comme il me
sembloit que ces lettres s'escailloient et que toute la
peau de la main sembloit s'esleuer, comme si c'eust
esté vne pellicule d'eau d'empois dessechée. Auec le
bout de mon ongle, i'emportay par vn leger attouchement vne partie de la iambe de l'M, dont elle fut fort
surprise, quoy que la place restast aussi belle que les
autres endroits de la main. Ie fus satisfait de cela : ie
pris congé d'elle et partis de Loudun pour aller coucher
à Saumur.

Le 10. i'y seiournay à Angers et y vis le cabinet d'vn
Apoticaire nommé Chaudet, où il y a vne infinité de
coquilles, d'animaux, d'insectes, de fruits et d'habille-
mens des Indes et vne bouteille dans laquelle il y a

4. liqueurs differentes en couleurs, qui sans aucun artifice sont parfaitement separées : et mesme apres les auoir remüées et meslées ensemble, quand elles viennent à se reposer, elles reprennent leur place et couleur differente comme auparauant,

Le 19. ie seiournay à Vannes attendant le temps propre à partir, et fus voir vn pré où l'on dit que les Sorciers tiennent leur sabat. Il y a dedans plusieurs ronds où l'herbe n'est pas seulement foulée, mais il semble qu'on l'ait bruslée. On dit que ces ronds s'augmentent tous les ans. Il est vray qu'alentour on voit comme vn rond d'vne herbe bien plus belle et plus verte. Ce pré est releué comme sur vne chaussée au bord de la riuiere, où vient le reflux, et le chemin des passans est au bord du pré ; mais l'herbe où l'on passe, quoy que foulée et rongée, n'est pas bruslée comme celle des ronds qui sont tout proches du chemin, et mesme le plus grand est tenant audit chemin, qui fait qu'il n'est pas parfaitement rond de ce costé. Aux deux autres il y a deux places d'herbe foulée, comme si quelque animal s'y couchoit, et ie vis vn trou de la grosseur de 4. pouces qui entroit profond en terre au commencement de ce grand rond, qui me fit penser que ce pourroit estre quelque gros serpent, qui apres s'estre baigné dans la mer, se venoit secher sur la prairie, et puis se mettoit en terre par ce trou.

I'y esprouuay que la teste du poisson nommé Esguillette esclaire la nuit. Sa clarté est pasle comme le corps de la Lune, et mesme touchant auec les doigts, les parties qui esclairent l'humeur qu'ils en raportent, a le mesme effet et rend la main claire.

Le 7 [iuin]. nous eusmes un fort bon vent de Nord-
oüest, qui nous fit doubler le cap de *Finisterræ*[1] à dix
heures du soir. ie vis force gouttes d'eau de mer sur le
pont du Vaisseau, qui esclairoient comme des estoiles,
mais ne duroient pas longtemps : i'en auois remarqué,
d'autres nuits, de semblables dans la mer, mesme le
long du Vaisseau. Les Mariniers les nomment Esclaires
et disent que cela signifie la tempeste : Ils m'assurerent
aussi que presque tous les poissons de mer esclairoient
la nuit et principalement les Huistres ; et que quand ils
venoient de pescher, leurs habits moüillés d'eau de mer
brilloient dans leurs maisons, comme s'il y eut eu des
chandelles, et qu'il en estoit de mesme des manequins
qui estoient remplis d'Huistres.

[A La Rochelle.] Le 13 [juillet]. ie vis le iardin et les
curiositez de M. Hamelot Medecin. Il est entendu en
plantes et en quantité des choses naturelles comme en
poudres, mineraux, gommes, metaux, fruits des Indes,
et coquilles. Il me donna du lacre, de la sensitiue, et
de la graine musquée.

Le 14. ie vis le cabinet de M. le Ministre Flans, qui
a de beaux liures, force belles coquilles et d'autres

---

[1] A l'extrêmité N.-O. de l'Espagne. *La Prospérité du Morbian*
qui emmenait M. de Monconys en Portugal, était, dès le lendemain, 8, attaqué par la frégate du gai Dunkerquois Gil de Bache.
Notre voyageur et ses compagnons furent « pris, pillez et des-
poüillez, puis revestus de vieux haillons, les vns sans chapeaux,
les autres sans chausses ou souliers, » enfin mis à terre. Trois
semaines vagua Balthasar en Galice, de Pontevedra à Ribadeo,
où il se rembarqua pour la France, le 4 juillet.

curiositez naturelles. Entre autres, vn poisson nommé *la Lune de Mer*, qui comme il m'a asseuré, rendoit estant morte, vne tres-grande lumiere en son cabinet: elle est ainsi nommée, parce que dans la mer elle esclaire comme la Lune au Ciel. Elle est de la grandeur d'vn pié et demy, *approchant du saumon, et presque carré-long* : on y voit la queüe du serpent nommé *Sonaille* : vn fort bel-oyseau nommé *Mouche*, qui a les plumes de dessous le col de couleur de feu, auec son *nid de cotton : vn raisin de mer* : vn oyseau de Paradis : vn *Orbis muricatus* et vn beau brochet de mer.

Il me dit que le suif et le saffran estoient excellens pour conseruer les oyseaux, et pour les poissons qu'il falloit leur faire fondre leur sel dans de l'eau douce, dans laquelle on les met tremper long-temps, et qu'il en a fait ainsi à sa Lune. Il me dit aussi que les coquilles des poissons de mer vont à fond dans l'eau douce et que celles des poissons de riuiere surnagent.

Ie vis le mesme iour M. Tole le Medecin qui trauaille fort à la chymie et qui de plus dessine, peint, et entend la perspectiue.

Le 15. ie cherchay chez les Marchands du port quelques curiositez sans en trouuer d'autres que des coquilles mediocres. Je fus voir chez un Sergent de Police vn Basilic qu'il a, lequel il nomme *Cocatris*. Il dit qu'estant petit garçon il l'a veu vif et l'a pris dans l'estable de chez son grand-pere. Il a le corps gros comme vn ver à soye lorsqu'il est en séue, deux aisles assez grandes de cartilage, la teste crestée, et deux barbes au dessous; le bec d'oyseau fort bien fait comme vn coq; au lieu de pieds il a deux petites peaux, qui finissent en pointe vn peu plus bas que l'endroit où les oyseaux ont les pieds; la queüe est d'un seul *cartilage* fort long et tout entortillé, toute semée de petites arestes. Ie l'examinay auec soin. Il n'y a aucun artifice, ny piece cousuë ou collée, et ce n'est point de ces Raies contrefaites qu'on voit aux cabinets, et que les curieux font passer aux innocens pour des Basilics.

[A Nantes.] Le 21. ie fus voir l'apresdinée le Pere Marc la Vau Gardien des Recollets, grand Chymiste, bon Philosophe, eloquent, poly, genereux et homme d'honneur.

Le 22. l'apresdinée ie fus voir M. de la Senegerie à sa maison. Il est fort entendu en *medailles*, en Geometrie, Astrologie, Mechaniques et trauaille fort bien au tour, et de la lime.

Le 1 [septembre]. l'apresdiné ie fus voir M. le Teneua[1] qui reuenoit de S. Christofle, lequel me donna vn liure de Gallilée *du Systeme du monde*[2]. Le soir ie fus proche des Capucins auec M. Regnier, qui me dit qu'il faisoit peu de chaud sous la ligne, à cause que les rayons reflechissent directement en haut, et ne font point angle sur nous.

Le 8. nous vismes le matin M. Arthaud M⁼ des Comptes amateur de la Iudiciaire, et qui a tous les liures qui en traictent. L'apresdiné nous vismes la Bibliotheque des

---

[1] Il faut lire : M. le Tenneur.
[2] C'est le célèbre ouvrage : *Dialogo sopra i due massimi sistemi del mondo*, Florence, 1632, in-4°.

Peres de Loratoire. Ie fus coucher et soupper auec
M. de la Senegerie et nous lûmes vne lettre de Galilée
contre Rocio sur l'apparition des estoilles ou Cometes,
il me dit qu'autrefois vn Pape estant aparu permit de
manger de la viande le vendredy qu'il arriua, et le
nomma le second ieudy ; despuis l'on remet *à la semaine*
des trois ieudys, parce que celle des deux est passé.

[A La Rochelle.] Le 30 [octobre], l'apresdiné ie
vis le cabinet de M. Veret, Apothicaire, où il y a des
fruits des Indes, des petrifications, des coquilles, des
Animaux, et des Medailles. Il y a vn poisson qu'il dit
estre *le Remore,* qui est de la longueur de la main, la
teste de la grosseur d'vne grosse oliue, et va touiours
diminuant iusques à la queuë. Il a *comme trois escailles*
longues, qui forment sa teste. Le dessous de sa gorge
est ondé et creusé comme celle d'vn chien.

Le 31. Ie vis le matin M. Merendiere, ses Fourneaux
et l'inuention de donner le feu au degré qu'il veut, et
de l'y conseruer.

Le 13 [nouembre]. l'appris de M. Menier Mathematicien.

Que l'onziéme proposition du 3. liure d'Euclide [1]
pouuait estre fausse, si l'on faisoit deux cercles sur
deux plans qui se touchassent angulairement, comme
aux deux coins d'vne chambre : car alors les cercles se

---

[1] Si deux cercles se touchent intérieurement, la droite qui
joint leur centre étant prolongée tombera au contact de ces
cercles.

toucheroient et la ligne qui seroit menée d'vn centre à l'autre ne passeroit pas par le dit attouchement[1].

Le 18. Ie fus à la Digue auec le fils du Capitaine Beau, ie fis pescher des Dailles, et i'experimentay qu'en ayant masché de cruës, puis crachant contre le mur, il semble que ce soient des pieces de Lune, c'est à dire, que cela esclaire, et rend vne lumiere blanche dans l'obscurité, comme celle de la Lune. L'apresdiné ie fus chez M. Menier voir son Globe celeste d'Airain.

Le 19. Le soir i'experimentay que les Soles esclairoient comme les Dailles, mais non pas tant.

Le 20. Ie fus le soir voir M. le Medecin Tole, qui estoit de retour. I'appris le secret de deuiner deux Cartes, que deux personnes ont tirées.

Il faut diuiser les cartes en deux monceaux, dont l'vn n'a que des cartes, qui sont marquées de nombres pairs, et l'autre monceau de nombres impairs, obseruant que les figures et les as noirs sont impairs, et les figures, et as rouges tiennent lieu de pairs; puis faisant prendre vne carte, reprenant les monceaux, vous les changez, en sorte que celuy qui a tiré la nom pair, la met au monceau pair, et au contraire.

Le 22. I'appris que pour empescher un verre de se casser.

Il le faut tremper dans de l'eau d'alun; et pour em-

---

[1] Evidemment.

pescher que les vaisseaux ne se cassent, il les faut
frotter d'Ail, dedans et dehors.

Le 24. Le soir M. le Marquis de Choisi nous fit force
tours de cartes, et repeta 32. mots diuers, et sans suite,
que i'auois escrits : Apres les luy auoir nommez vne
fois, il les dit tous d'ordre ; puis les reprit d'ordre en
commençant par le dernier, et finissant par le premier,
et disoit le quantiesme estoit celuy qu'on luy deman-
doit. Il dit qu'il l'eust fait aussi aisément de 500.

Il m'apprit à faire trouuer les quatre Rois, quatre
Dames, et ce en mettant les cartes suiuant l'ordre de
ces deux vers :

Vnam, ter decimam, quatuor Regina ministral,
Quinque, nouem, Rex septem bis, sexque Rolandi.

Aprés il faut, ayant ainsi mis d'ordre les cartes
dans le monceau, les estendre sur table de 13. en 13.
et les quatre de chaque sorte se trouuent ensemble
dans le rang des mots des vers. Il m'apprit aussi à
faire disparoistre la carte, puis la faire reuenir. Il faut
que les cartes soient retournées les faces contre les
faces, puis faisant mettre la carte dessus, en retirant
promptement la main derriere ; dans ce temps vous
tournez le monceau dans vostre main, et faites paroistre le dessous, dont la premiere, est autre que
celle qu'on a tirée ; puis retirant encore le bras, vous
retournez le monceau, et la carte tirée reuient dessus. Pour sçauoir qu'elle carte l'on a pensé de celles
qui se iettent l'vne apres l'autre sur la table ; Il faut
sçauoir seulement quelle estoit la premiere, et sans
mesler autrement les cartes, qu'en les faisant couper,

elles gardent la mesme situation ; si bien qu'en commençant à conter depuis celle que vous auiez iettée la
premiere, lorsqu'elle se presente, (et pource il faut
attendre qu'elle vienne, quand bien l'on auroit passé
les cartes songées, il n'importe) : contant dis-je depuis que ladite premiere apparoit, iusques au nombre
de celles qu'on auroit pensé, on les trouue iustement
en vn autre tour. Vous faites voir 7. ou 8. cartes,
puis vous demandez la quantiesme vous voulez qu'elle
vienne, mais non pas au delà des 7. ou 8. montrées.
Apres qu'on vous l'a dit, vous portez les cartes derriere
le dos, et contez en mettant les cartes, les vnes sur les
autres, iusques au nombre qu'on a dit, et quand vous
y estes arriué, au lieu de mettre la carte, qui accom-
plit ce nombre sur les autres, comme les precedentes,
vous mettez au lieu d'elle, toutes celles que vous auez
contées sur le monceau des cartes, puis vous demandez la quantiesme estoit la carte qu'on a pensée,
par exemple, la 5. Vous contez donc en iettant la
premiere carte sur table, 6. puis 7. et iusques
au nombre qu'on desire qu'elle vienne, et lors elle s'y
trouuera.

[A Coimbre.][1] Le 13 [decembre]. ie fus dire adieu aux
Iesuites, un Pere Anglois Mathematicien, qui me debita la
pensée du flux de la Mer, causée par la Lune, qui poussant
l'Air, comprime la Mer en vn endroit, et la fait regorger
ailleurs : et aussi la pensée de la grauité qui doit proce-

---

[1] Balthasar s'était embarqué à La Rochelle le 2 décembre.
Le 9, il atterrissait à Mondego, après avoir échappé aux pour-
suites d'un vaisseau pirate ; le 10, il était à Coïmbre.

der d'une expulsion des corps contre la terre, soit par les rayons du Soleil, soit par le mouvement perpetuel des atomes, qui sont les pensées de Des-Cartes.

[A Lisbonne.] Le 6 [may *1646*]. Ie vis chez Calmon M. de S. Paul, et M. du Bocage, Ingenieurs. L'apresdiné ie fus à S. Roch, voir le Pere Barton, Anglois Mathematicien, qui me presta le liure du Systeme du Pere Christophle Borri, intitulé *Collecta astronomica*, imprimé à Lisbonne.

Le **25** [iuin]. L'apresdiné ie fus auec M. Brunet à Alcantara trouver M. le comte de Peña Guion, qui me mena apres salüer M. le Prince, qui me rauit, tant par la viuacité de son esprit, que la solidite de son jugement, à reconnoistre les foibles raisons des aduersaires de Galilée, qui fut la premiere chose qu'il me demanda. Il preuenoit les réponses que ie voulois luy dire contre ces obiections, et S. A. m'en fit de tres-subtiles et iudicieuses, tant pour, que contre ; alleguant et répondât aux passages de l'Escriture. Il me fit l'obiection contre la judiciaire, de la precession de cette equinoxe qui doit auoir bouleversé les significations anciennes des signes. Finalement i'admiray en luy sa grauité et sa seriosité, qui passe au dela de son âge, aussi-bien que sa memoire, tant pour les supputations des diuers esloignements des globes celestes, pour les epoques des Cronologistes, que pour les diuerses opinions de l'âge du monde.

Le 4 [juillet]. Ie fus à Alcantara prendre congé ; j'eus deux fois entretien auec le Prince, qui me leut toute sa Theorie des planettes. Le Roy vint estre de la conference ; et la Reine estoit à vne porte derriere la portiere.

VOYAGE DE PROVENCE

Le 3 [aoust 1646][1]. Le soir à huit heures nous vismes
vne tres-grande exhalaison, elle passa d'Oüest à l'Est
dans le signe de Scorpion où elle vint finir aux deux
petites estoiles qui sont proches l'vne de l'autre, dans
la queuë du Scorpion les 4. apres le cœur, dudit Scorpion
qui estoit iustement au Midy esleué de 25. degrez sur
l'horison. Elle commença à paroistre comme vne Estoile
de la premiere grandeur, puis s'augmenta extraordinairement en rond, et incontinant enflamma toute la matiere
qui estoit deuant elle, s'estendant en long et en large en
figure de Comete ; puis quand elle finit, elle espandit de
petites estincelles comme font les fusées apres qu'elles
sont creuées en l'air : elle dura en tout 3. ou 4. minutes :
les 2. jours precedents l'on en auoit veu vne aussi,
mais non pas si grande.

---

[1] Balthasar était alors à bord de *la Capitaine* qui, allant de
Portugal en Provence, avait passé le détroit de Gibraltar, la
veille, à sept heures du soir.

[A Aix.] Le 29 [aoust 1646]. ie fus prendre M. de Champigny aux Iesuistes, et auec luy chez M. le Baron de Rians, voir le cabinet de M. de Peyresc, où ie remarquay entre-autres belles choses, vne pierre qui semble vn morceau de paste, et qui se plie de tous costez comme de la paste, i'y appliquay la langue et la trouvay insipide comme les autres pierres, i'estime que ce sont des fibres d'herbe, qui se sont induites d'vne matiere petrifiante, qui pourtant n'est pas si bien iointe, qu'elle ne laisse des facilitez aux dites fibres de se plier. Ie vis vne autre pierre en forme de plastre iaunâtre, qui est d'vn volume à peser plus 20. liures, qui pourtant n'en pese pas 3. Elle nage sur l'eau. La quãtité d'air qui est enfermée dans ses pores la rend legere et surnageante, et ses pores sont si petits qu'ils sont imperceptibles à la veuë, et ne donnent pas lieu à l'eau de s'y insinuer et de les remplir en chassant l'air. Il y a mille pierres antiques grauées, et vne infinité de Talismans, les trois pieds d'vn petit trepied antique et vn tuyau rond de verre en forme d'vne assez grande boucle, dans le vuide duquel il y a vne liqueur qui auoit le mouuemeut reglé du flus et reflus deux fois le iour. I'y vis aussi de la pierre Amianthos qui tire fort au Vitriol; elle est toutefois plus condense et plus obscure.

Le 12 [septembre]. ie fus acheter *les Tables Rudolphines*[1], *vn traité de Galilée*, et le petit *Philolaus*[2], que

----

1 De Keppler.
2 De Boulliau.

i'enuoyay à Don Iuan de Meneses. L'apresdiné ie fus voir le vieux Prieur de la Valette M. Ioseph Gautier, maistre jadis du grand M. Gassendi.

Le 3 [octobre]. l'apresdiné ie fus auec M. Piscatoris voir *Magdeleine de la Palu* à sa bastide. Elle me parla auec beaucoup de jugement, et me dit de fortes raisons, pour montrer la fausseté du liure du Pere Michaëlis[1], et m'assura que son mariage pretendu auec le diable estoit faux, qu'elle n'auoit jamais oüy parler, ny veu, ny sçeu aucune chose de sabat, de pact auec le diable, de transport, ny de marques, contre le liure de M. Fontaine[2] et la teneur de l'arrest de Goffredy, imprimé en suite, qui porte qu'elle a confessé sa defloration, et ses marques, qui furent visitées et trouvées insensibles, et peu apres s'effacerent. Le jour de Pasques elle me dit que tout cela estoit faux, et qu'il n'y auoit de vray que sa possession, pendant laquelle elle a tousiours eu l'esprit libre, et reconnu les

----

[1] *Histoire admirable de la possession et conuersion d'une pénitente, par un magicien, la faisant sorciere et princesse des sorciers au païs de Prouence, conduite à la Saincte Baume pour y être exorciée l'an M. D. C. X. au mois de nouembre soubs l'authorité du R. P. F. Sebastien Michaelis, commis aux exorcismes.* Paris, 1613, Charles Chastellain, 1 vol in-8°.

[2] *Des marques des Sorciers et de la reelle possession que le Diable prend sur le corps des hommes, sur le subiect de l'abominable et detestable Sorcier Louis Gaufridy, Prestre beneficié en l'Eglise Parrochiale des Accoules de Marseille qui n'a gui res a esté executé à Aix par Arrest de la Cour de Prouence.* Dedié à la Reyne, Régente de France, par Iacques Fontaine, Conseiller et Medecin ordinaire du Roy, premier Professeur en son uniuersité de Bourbon en la Ville d'Aix. — Lyon, 1611, chez Claude Larjot. 1 vol.

operations que le diable faisoit par son organe ; qu'elle
croit que Goffredy luy auoit donné ce malefice dans vn
Agnus qu'il luy donna la premiere fois qu'il la confessa ;
qu'alors elle n'auoit que six ans et quelques mois, et
qu'à sept ans elle entra aux Vrsulines pour apprendre,
où depuis elle prit l'habit, et fit profession et n'en sortit
qu'estant possedée ; que le lendemain apres auoir receu
cét Agnus, elle fut quelque temps tourmentée de
grandes conuulsions et accidents estranges ; mais
qu'elle ne soupçonnoit rien, ny ses parents, et que ce
mal passa ; que depuis elle n'a pas parlé deux ou trois
fois à Goffredy auant qu'entrer en Religion, à quoy il la
poussoit[1] ; qu'elle ne l'y a iamais veu, et qu'elle
estoit en vn âge où il n'y auoit pas apparence qu'il luy
parlast d'amour, ny de sorcellerie, et que celuy qui
trauailloit le plus à sa deliurance lorsqu'elle estoit possedée eust en reuelation, disant la Messe, qu'elle ne
gueriroit iamais par exorcismes, parcequ'elle estoit
possedée extraordinairement et pour la manifestation de
la gloire de Dieu ; mais qu'elle gueriroit par de grands
actes d'humilité, ainsi qu'elle en fit dés-lors suiuant
l'ordre de ses Directeurs : comme de demander l'au-
mosne par la ville, porter du bois sur ses espaules, et
s'estendre en bas au deuant des portes de l'Eglise, afin
que tous ceux qui entroient lui passassent sur le ventre,
et qu'ainsi elle fut déliurée vn jour publiquement deuant
l'Euesque d'Vzes, où elle souffrit beaucoup ; que plus
de 700. Heretiques se convertirent, qu'elle demeura plus
de trois quarts d'heures suspenduë en l'air, et qu'enfin
il luy sortit du nez vn peu plus bas que l'œil gauche,
vne chose grosse et ronde comme un pois, toute entourée

---

[1] L'acte d'accusation du P. Michaëlis dit le contraire.

de cheueux tressés et lacs d'amour, laquelle M. d'Vzes
prit et brûla. Ie luy dis que j'enuoyois le lendemain
mon homme à Aix, afin de voir l'original de l'arrest par
la faueur de M. de Champigny Intendant de la Provence, afin de verifier s'il estoit conforme au liure
qu'auoit fait imprimer M Fontaine le Medecin, *mort en
reputation d'habile homme et d'homme d'honneur.* Elle
auoit auec elle vn grand homme, à mon aduis Prestre
de la Mission, et Manceau, qui est de bonne mine,
mais qui a la Phisionomie melancholique qu'elle regar-
doit tousiours auant que parler. Il y a cinq mois qu'il
est auec elle. Il en dit mille biens et que pour la connoistre il faut tourner la medaille, et prendre le reuers
de tout ce qu'on en dit, qu'elle vit saintement, et a de
grandes graces de Dieu. Elle a fait bastir une Chapele
dans son fonds joignant le grand chemin, pour la deuo-
tion et *commodité du public.* Cét homme est persuadé
de la vraye possession de Loudun, et va suiuant tous les
lieux ou il peut trauailler à la vigne du Seigneur, particulierement en matiere de possession. Le mauuais
bruit de cette femme encore à present, et les contes
qu'on en fait auec de beaux restes qu'il y a sur son
visage de ce qu'elle a esté autrefois, la commodité et le
corsage de l'homme pourroient bien faire soupçonner
quelque chose. La maison est tres-bien située, ayant la
veuë de tout le païsage d'vne partie de Marseille, des
Isles qui sont au deuant, et de la mer. »

*➤ Le 15. Iuillet 1659. i'ay appris que depuis peu Mag-
delaine de la Palu a esté plus d'un an dans les prisons
d'Aix, accusée d'auoir donné vn malefice à vne ieune*

fille. Elle a esté ensuite mise en liberté ; sa Bastide donnée
au Trinitaires, et elle s'est retirée auprez d'vn de ses
neueux, dans les montagnes de Prouence [1].

---

[1] Sur le bouffon et navrant drame des Ursulines d'Aix qui
se termina par le supplice (30 avril 1611) de Louis Gauffridy,
prêtre et « prince des magiciens », lire : le livre précité du
Père Michaëlis ; *l'Essai sur l'Histoire de Provence*, par Charles-
François Bouche, (tome II, pages 160-161), 1785, in-4°; *la Sorcière*,
par J. Michelet, (livre II, chapitre IV), Paris, 1862.

Premier Voyage d'Italie

Le 29 [octobre 1646]. Nous arriuasmes à 10. heures à *Virego* et prismes des cheuaux pour Pise, où nous arriuasmes le soir. Incontinant le Pere Reinieri[1] Professeur en Mathematiques me vint voir et escriuit au Sieur Torricelli pour sçauoir des nouvelles de M. Bullialdus[2].

Le 30. ie fus voir le Pere Reinieri, qui me montra sa bonne lunette, et le dessein de l'apparence de la Lune, et l'instrument pour reconnoistre la secheresse ou l'humidité du temps. Il est tres-habile Mathematicien, et a de belles et bonnes pensées. L'apresdiné ie fus voir le Docteur Paganinus Gaudentius, celebre en la Critique, Politique et l'Histoire, qu'il lit publique-

---

[1] Mort à Florence en 1648, disciple de Galilèe, auteur des *Tables Médicéennes*.

[2] L'astronome Ismaël Boulliau, né à Loudun en 1605, mort en 1694 à Paris.

5

ment à Pise. Il me donne vn de ses liures *de Candore Politico.* Ie vis aussi sa bibliotheque qui est tres-bien garnie.

Le 31. Ie fus trouver le matin le Pere Reinieri, apres auoir veu plusieurs Eglises et tableaux : Entre-autres vne Vierge auec Saint Pierre, et Saint Paul dans les Iacobins faite par vn Religieux nommé *Il Fratre,* et connu par ce nom. Aux Cordeliers il y a de vieilles peintures. Nous fusmes apres au jardin des simples et à la galerie des curiosités, où il y a.

Force metaux, mineraux, petrifications, gommes, monstres et autres choses naturelles. Il y a principale-ment de remarquable, vne Mumie, vne queuë de cheual marin, une branche de corail sur vne teste de mort, vn chariot qui va seul par ressorts, deux bagues qui sont deux cristaux, dans l'vn desquels est vne goutte d'eau qui court, et dans l'autre trois ou quatre petits vers ; deux enfans embaumez qui se tiennent l'vn à l'autre, et vn veau q ii a deux testes ; des petrifications, à sçauoir, la bouche d'un cheual, vn poisson qui semble vne perche, son espine et ses arestes, des dents d'Elephans ou d'i-uoire, plusieurs bois et coquilles.

[A Florence]. Le 3 [novembre]. I'allay chez le Céchi Libraire où M. Torricelli m'auoit donné rendez-vous ; i'y vis plusieurs Galileens qui me promirent des liures, et puis l'on me fit esclairer pour monter à cause du tres-mauvais temps qu'il faisoit, qui auoit duré tout le jour en pluye et en tonnerres.

Le 4. Ie fus le matin voir M. Torricelli, et essayer de

ses lunettes nonobstant le temps pluvieux : puis nous
fusmes ensemble oüyr Messe à l'Annonciade.

Ie fus en suite [le 5.] auec Monsieur Torricelli à son
Academie ou classe ; au deuant de laquelle au mesme logis
est l'Academie tant renommée de la *Crusca*, de la pureté de
la langue Toscane : elle est toute pleine de deuises faisant allusion au mot, et chasque escolier prend vn nom
aussi respondant au sujet. Les sieges sont faits en
hottes où l'on porte le pain, le dossier en péles dont on
remuë le bled, les chaises en façon de grandes cuves
d'osier ou paille, où l'on tient le bled, les coussins des
chaises des Princes sont de satin gris en forme de sacs, et
l'on met les flambeaux dans des estuis qui semblent des
sacs de farine : il y a le Dictionnaire de la Crusca, et plusieurs autres liures de cette Academie. L'apresdiné ie fus
voir M. Ferdinando de l'Arene, qui me donna *le Traitté
des Cometes de Guiduci*, et *Nuntius sydereus*[1] et depuis
vne Syntaxe Arabe et *vn Alphabet*, et Vincentio Viuiani,
me donna *le Gallegiante.*

Le 6. Ie fus le matin voir Monsieur Torricelli, qui
ajusta mes Lunettes, et me donna des pierres de Boloigne, et des auoines sauuages pour voir les temps secs
ou humides, puis M. Torricelli m'explica.

Les grands esloignements de la ☽. aux ☐. par la
double velocité qu'elle acquiert en 8. qui la fait prece-
der le centre de l'orbe de la terre ; en suite depuis la
premiere ☐. à ☌, n'a que le mouuement du centre de
la terre, contre lequel allant depuis la ☐. elle se trouue

---

[1] Le célèbre ouvrage de Galilée publié à Venise en 1610.

beaucoup precedée du dit centre lorsqu'elle est à la deuxiéme ⯑.

Au sortir de sa leçon ie fus diner, apres i'allay voir le docteur Nardi qui ne demeura pas long-temps auec moy, mais son fils me montra tout son logis, où il y a quantité de beaux tableaux, de figures, de liures, et de choses naturelles : de là ie me fus promener auec le S. Viuiano qui a esté trois ans avec M. Galilée. Il me dit son opinion du ⁂ qu'il croyoit vne estoille fixe, la necessité de toutes choses, la nullité du mal, la participation de l'ame vniuerselle, la conseruation de toutes choses [1] : puis ie fus auec M. de l'Arene chez vn petit Docteur pour des liures : le soir ie souppay chez Catret et fus à la comedie.

Le 7. ie fus le matin chercher M. Nardi : de là reuoir S. Laurens ; puis à la fonderie de Iean de Boloigne, où sont les modelles des plus belles Statuës qu'il y ait icy : de là voir M. Torricelli à sa classe qui me dit :

Que le grand Duc auoit divers thermometres pour connoistre le chaud et le froid, tous auec l'eau de vie et des boules de verres plaines d'air, mais vne où sont deux boules, l'vne en haut l'autre en bas, quand il fait chaut celle d'en bas monte, et quand il fait froid celle

---

[1] Comme le fait remarquer Libri *(Journal des Savants, 1843, page 313)* : « Ce texte n'est pas clair : il peut s'appliquer également à Viviani et à Galilée. » En lisant en marge ces mots : *Opinions du Sieur Viuiano*, on serait tenté d'attribuer ces opinions à Viviani ; mais au fond la chose importe peu : les opinions philosophiques du disciple devaient être celles du maître et réciproquement. Ce passage est de la plus haute importance historique.

d'en haut descend [1], Il m'en dit vne autre d'vne boule
pleine d'air à moitié, et la moitié d'eau auec vn trou
en bas et empeschée de monter en haut par vne chaisne
de verre : quand l'air se condense il y entre plus
d'eau, et ainsi la chaisne s'accourcit et la bouteille
descend ; quand au contraire l'air se rarefie, l'eau sort,
la bouteille monte et la chaisne est plus longue.

Le dit Torricelli m'explique aussi, comme les corps
se tournent sur leur centre, côme le *, la terre et
Iup. font tourner tout l'Eter, qui les enuironne, mais
plus viste les parties prochaisnes que les esloignées,
ainsi que l'esperience le montre à vne eau où l'on
tourne un baton dans le centre, et le mesme en
arrisue aux planettes, au respect du * ; à la ☽ ,
au respect de la terre ; aux Medicées, au respect de
Iup. et me dit aussi que Gallilée a obserué que la tache
de la Lune qu'on nomme *Mare Caspium* est par fois plus
proche de la circonference, et quelquefois plus esloi-
gnée, qui fait reconnoistre quelque petit mouuement de
trepidation en son corps.

L'apresdiné ie fus prendre congé de M. Torricelli, qui
me dit : Comment se faisoient les thermometres du grand
Duc, l'vn par quantité de vessies de verre d'inegale pesanteur, mais presque aussi legeres que l'eau, si bien
qu'elles deuenoient plus legeres successiuement, à mesure que l'eau se condensoit et se faisoit plus graue :
l'autre, auec deux bouteilles l'vne plus pesante que
l'eau qui faisoit l'effet que les cy-dessus, et l'autre
troüée et auec de l'eau dedans, et y en entrant dauantage
par la condensation de l'air, elle deuient plus pesante

---

[1] Voir ma notice sur *les Thermomètres de Salon* en 1628
(*Revue scientifique*, 1884).

et enfoncée ; il me fit aussi obseruer que lorsque l'eau se congele, il s'esleue vne quantité de vessies qui s'éuaporent, et qu'à mesure que l'eau se va condensant son volume ou masse se diminuë, mais quand elle veut geler tout à fait elle s'enfle beaucoup, et cela peut estre à cause de la quantité de ses esprits ou corpuscules qui se hastent de sortir de ces vessies, où le froid les attrapant les retient, et l'on les voit dans la glace qui par ce moyen est augmentée de volume.

Ie fus dire adieu à M. Gaddi: M. Viuiani me donna la demonstration de M. Galilei[1], ie fus où on s'embarque.

Le 8. Nous fusmes coucher à moitié du chemin ; il y auoit auec nous Paulo del Bono[2], jeune homme affectioné à la Geometrie, et que le Pere Francisco fait passer pour vn des excellents de nostre siecle.

Le 9. Nous partismes à huit heures du soir et arriuasmes au point du jour à Pise, où ie vis M. Paganino, et le Pere Vincenzo Reinieri, qui admira mes lunettes : ie fus auec luy à l Vniuersité oüyr sa leçon ; apres il me montra la demonstration que ie luy auois demandée qu'il me promit de m'enuoyer auec celle de Galilée que ie luy laissay il me donna les *Taches du Soleil*, et *le Saggiatore de Galilée.*

Le 19. Ie fus rendre les Ephemerides au Pere Rei-

---

[1] Sans doute des lois de la chute des corps.
[2] Né à Florence en 1625, mort à Vienne vers 1660, inventa un appareil pour démontrer l'incompressibilité des liquides et s'occupa beaucoup d'éclosions artificielles.

nieri. L'apresdinée ie la passay toute auec le Docteur Belluccio, au jardin des Simples qu'il gouuerne, j'y vis.

L'*Alipus* qui semble à vn *Aster* grisdelin ; nommé de Clusius *Hippoglosson Valentini*, les Chimistes se seruent de son suc pour fixer le ♀. Item le *Dictam*, qui est comme vne Marjolaine, lors que ses feüilles sont cottonées ; il est fort mordicant, le *Yuca* des Indes, vn *Titimal arbor*, vn *Semper-viuum*, qui iette des filets ou barbes de toutes parts, l'arbre *Larix*, d'où sort la terebentine, qui est comme sa moüelle : son fruit est comme vne petite pomme des cedres de Liban ; et ses feüilles ont des espines presque comme le pin. L'arbre nommé *Taxus*, dont les anciens tenoient que l'ombre estoit mortifere, et le S. Bellucio m'asseura que ceux qui le tondoient (car ses feüilles semblent au sapin, et il est tres-touffu et feüillé depuis la *racine* et semble plustost une pallissade espaisse d'aubepin qu'vn arbre, quoy qu'il soit fort haut) n'y pouuoient travailler plus de demy heure, apresquoy il estoient oblige de le quitter, et ce encor auec douleur de teste un *Titimal puant*.

Le 20. Le soir ie fus reuoir le Pere Francisco à l'Escole pie, ie vis la transmutation chez moy, d'vne rose de mauue que j'auois prise toute blanche au jardin des simples, qui se changea dans vn iour en vn parfaitement beau incarnadin, puis en rouge, et à la fin se flestrissant en vne couleur presque noire, qui cofirme l'opinion des couleurs du Sieur Galilée, qui est que le blanc fait de plusieurs petites spheres d'eau, se venant à joindre reflechit moins de lumiere, tant que venant à disparoistre l'objet deuient tres obscur : je vis aussy au dessus d'vne muraille de la closture de cour, vn aloës qui auoit la tige plus haute de 10. brassées, que

Monsieur Bellucio m'asseura auoir veu croistre de toute cette grandeur en moins de deux mois, il estoit sec et mort, car si-tost qu'il a fleury et jetté sa semence, il meurt et la jette ou à 30. ans ou à 50.

Voyage d'Angleterre

[A Londres.] Le 22 [may 1663]. ie fus le matin voir
M. Hobbes fameux par la Philosophie qu'il a fait imprimer et par quantité d'autres liures, pour luy rendre vn
paquet de M. de Sorbieres. Il me dit l'auersion que tous
les gens d'Église tant Catholiques que Protestans auoient
pour luy, à cause de son liure *de Ciue*, ou il soutient l'authorité Royale independante de tout autre, si ce n'est
de Iesus-Christ immediatement. Il me dit sa pens.e sur
ces larmes de verre qui se brisent quand on rompt le
bout de leur queüe, qui est, qu'en les plongeant dans
l'eau, elle s'euapore à cause de la chaleur qu'elle
reçoit, et le fait en vn millions de petites gouttes ou
particules, qui trauersant de tous costez la larme en long
la composent en petits filets, qui se vont tousiours diminuant iusqu'au bout, où ils se ioignent tous ; si bien
que quand on les rompt ne le pouuant faire sans les
faire plier, chacun en s'en retournant par la violence du
ressort se brise, comme feroit vn arc si la corde rom-

6

poit, lorsqu'il est bien tendu. Mais la pensée de M. Vossius est bien plus raisonnable [1].

Le 23. ie fus à l'Academie de Gressin, où l'on s'assemble tous les mecredis pour faire vne *infinité* d'experiences, sur lesquelles on ne raisonne point encore, mais on les rapporte à mesure que quelqu'vn en sçait, et le Secretaire les écrit. Le President, qui est tousiours vne personne de condition, est assis contre vne grande table quarrée, et le Secretaire à vn autre costé. Tous les Academistes sont sur des bancs qu'il y a autour de la sale. Le President estoit le Milord Brunker, et le Secretaire M. Oldembourg. Le President a vn petit maillet de bois à la main, dont il frape sur la table, pour faire taire ceux qui veulent parler, lorsqu'vn autre parle ; ainsi il n'y a ny confusion ny crierie.

On y rapporta, Que le sel de tartre mis sur des crapaux, viperes, ou autres bestes venimeuses les faisoit mourir; vn autre dit, Que le vif-argent faisoit le mesme effet ; Que ces animaux ne pouuoient viure en Irlande, ny en souffrir la terre, et qu'on auoit experimenté que les ayant mis souuent sur de la terre qu'on auoit apportée d'Angleterre aussi bien que ces animaux, comme ils pensoiët en sortir en marchant et qu'ils approchoient de terre du pais, ils retournoient en arriere, faisant cela plusieurs fois, et à la fin ils mouroient. Qu'un baston de houx mis dans vn lac d'Irlande, en sorte qu'vne partie fut fichée en terre, l'autre dans l'eau, et l'autre en l'air, apres quelque temps, comme

[1] Voir ci-après l'hypothèse de Vossius, sur les lames bataviques, *Voyage des Pays Bas,* page 80. Voir aussi, page 85, la refutation par le même Vossius de l'hypothèse de Hudde.

d'vn an ou enuiron, la partie qui estoit en l'air estoit tousiours bois, mais celle qui estoit dans l'eau estoit petri-
fiée, et celle qui estoit dans la terre auoit pris la nature
metallique. M. le Baron d'Arsilieres[1] m'a confirmé cela
le 16. de Iuillet et m'a dit d'auoir veu vn de ces bastons, et que ce lac se nomme *Erno-Lacus,* où l'on voit
encore quelques tours et clochers d'vne ville jadis
inondée. Que pour auoir dans des estangs de toutes
sortes de poissons difficiles à transporter, on ne faisoit
que porter des œufs des poissons qu'on desiroit, et
qu'ils s'y engendroient apres; ce qu'vn Milord d'Irlande là present dit auoir pratiqué. Que la generation
des insectes ne se faisoit pas par corruption, et qu'ayant
pris les intestins d'vn animal et autres parties plus
aisées à corrompre, les ayant mises dans vn vaisseau de
verre et par-dessus du cotton tout seul, pour empescher
qu'il n'y entrast ny mouche ny autre animal, mais l'air
seulement qui y pouuoit facilement penetrer, il y auoit
plus de six semaines qu'on les gardoit sans qu'il s'y fut
engendré aucun ver ny autre chose. Que l'estomach
transpiroit par une infinité de pores, en sorte que l'on
voyoit des gouttes de liqueur assez grosses en sortir, et
que le mesme en estoit de la vessie, mesme sans qu'on
la retournast. Que les corps qu'on pesoit dans l'air ayant
esté pesez dans vn puys tres-profond, s'estoient trouué
peser moins d'vne lb. qu'il n'auoient fait en haut. Que
les corps qui enfonçoient dans l'eau reuenoient au-
dessus, lors qu'on adioutait dauantage d'eau dans le
vaisseau ; ce qui prouuoit la compression de l'eau dans
l'eau. Que les grains de blé mis dans l'eau enfonçoient

[1] Le 16 juillet 1663, Balthasar passera la matinée à Flessingues,
la soirée à Middelbourg.

au commencement, qu'il s'y attachoit apres vne petite
vessie d'air qui grossissoit en sorte qu'elle faisoit remonter le grain, lequel apres que la vessie s'estoit
rompuë en haut, retomboit au fonds de l'eau. M. le
Cheualier Robert Morey me dit que le President
vouloit donner au public vne nouuelle science du
mouuement des corps dans l'eau, et par là perfectionner la nauuigation; que pour cela il essaioit laquelle
de toutes les figures auoit plus de facilité à se mouuoir
dans l'eau. Il me dit aussi qu'on pesoit l'eau en mettant
du Mercure dans vn tuyau de verre de cette figure [1] :
Que la maniere de connoistre la diuersité de la pesanteur
des liqueurs estoit en pesant dans elles vn poids attaché
à vn filet d'argent ou de quelqu'autre metal, qui n'en-
fonçat pas plus dans l'vne que dans l'autre, et voyant
la difference de la pesanteur de ce poids, on iugeoit
de la diuerse pesanteur des liqueurs. Apres qu'on n'eut
plus d'experience à proposer, on alla dans vne fort
belle gallerie où l'on fit celle de tirer l'air qu'il y auoit
dans vn grand vaisseau de verre plein d'eau, dans lequel
nageoit vn poisson, lequel a mesure qu'on tiroit cet air,
deuenoit plus leger et montoit au haut de l'eau, où enfin
il mourut, et quand on l'en sortit, il parut le ventre serré
et applati, comme s'il eust esté pressé entre deux presses,
et quand on l'ouurit on trouua la vessie toute desenflée
et creuée, et plus de demy heure apres qu'il eut esté
ouuert, son cœur auoit encore le mouuement de *systole*
et *diastole* aussi reglé que s'il eut esté viuant. On fit encore
vne autre extraction de l'air qui estoit dans l'eau dont
on auoit rempli vn petit matras entierement, qu'on auoi
renuersé dans vn petit vaisseau plein d'eau, afin que

---

[1] La figure représente un tube gradué terminé par une sphère.

l'air n'y peut entrer, et l'on mit le tout dans vn grand
vaisseau de verre appliqué à la machine de M. Boile
pour l'extraction de l'air; si bien qu'à force de tirer
tout celuy qu'il y auoit dans ces vaisseaux, on fit descendre et sortir toute l'eau qui estoit dans le matras,
qui remplit le petit vase dans lequel il estoit plongé :
puis laissant rentrer l'air, toute cette eau rentra et
remonta dans le matras qu'elle remplit, à la reserue de
fort peu de place qui resta en haut vuide en apparence,
puisque ces Messieurs asseurerent que dans trois ou
quatre iours cét espace se rempliroit entierement d'eau,
estimant qu'il estoit bien autant remonté d'eau qu'il en
estoit sorty par l'extraction; mais qu'à cause que par
l'attraction on auoit faict sortir de cette eau, l'air qu'elle
contenoit dans ses pores, ses pores s'estoient si bien
reserrez que quand l'eau rentroit elle n'occupoit plus
tant de place, ses parties estant plus jointes; et l'air
ne s'y pouuant pas introduire promptement, ny couurir les pores avec facilité, il falloit qu'il le fit peu à
peu ; mais quand il l'auoit fait, que l'eau reprenoit
le mesme volume, et la mesme extension, et occupoit la
mesme place qu'auparauant. Quand on tiroit l'air de
l'eau où estoit le poisson, on la voyoit boüillir, ou plus-
tot monter l'air comme d'vne petite broüée qui s'es-
leuoit dans cette eau, et quand on commençoit à tirer
l'air du vase où estoit le matras enclos, le Vaisseau dans
lequel il estoit commençoit vn peu à se ternir ; mais
lors qu'on y laissoit rentrer l'air, toutes les parois de
ce grand Vaisseau contenant se ternissoient, comme
fait un verre en esté, lorsqu'on le remplit d'eau bien
fraische.

Au retour ie fus chez M. Riues voir ses Microscopes :
il me donna une Lentille oculaire. I'en appris que pour

trauailler du Porphyre, il faut tremper le fer dans du
jus de Branca vrsina.

Le 26. i'acchettay le liure de M. Boile, intitulé
Tentamina quædam Philosophica, et de là nous fusmes
voir la machine qui distribuë l'eau à toute la Ville.

Qui est vne roüe icy descrite, mise parallelement à
l'Horison dans vn gros arbre esleué perpendiculairement, lequel trois chevaux font tourner : sur cette roüe
il y a douze pieces de bois couuertes de fer, lesquelles ont
la forme d'vn rectangle solide coupé en deux par vne
diagonale, lesquels rencontrant des bastons ou bras qui
pendent sur cette roüe, et qui ont vne polie de bronze
enchassée à leur bout, les font *monter aisément iusques*
au haut de leur talus : puis quand ces triangles passent
outre, ces bastons retombent, et ainsi successiuement
et par ce mouuement les pompes se remplissent et se
vuident dans vn grand reseruoir, dans lequel y a
d'autres tuyaux de pompe qui vont remplir vn second
bassin, et ainsi iusques à quatre. L'eau monte à six-
vingt pieds de hauteur dans les reseruoirs, dont apres
elle descend par des tuyaux qui la communiquent à toute
la Ville. A chaque mouuement de pompe, on esleue 16.
iures d'eau, à mesme temps que le baston de la premiere s'esleue pour abaisser le bras qui pousse le piston dans la pompe, il y a un baston eslevé sur le premier, et qui y est enchassé par de gros clous, qui luy
laissent quelque peu de mouuement, et ainsi successiuement iusques en haut. Si bien que quand vn de ces
bastons s'esleue, il fait esleuer celuy qui est sur luy et
cettuy-là l'autre, etc.

Estant retourné à Oüital i'escriuis pendant ce temps
ce que M. Oldembourg m'auoit donné touchant ces

larmes de verre qui se brisent quand on rompt leur
petite queüe.

OBSERVATION SUR LES LARMES DE VERRE

Les larmes de verre sont faites d'vn verre vert bien
raffiné, et iusqu'à ce que la matiere soit bien raffinée,
l'effet ne s'ensuit pas ; mais elles se rompent bien tost
apres qu'on les a laissé tomber dans l'eau.

La meilleure maniere de les faire, est de pιɛndre de
la matiere boüillante sur le bout d'vne verge de fer et
d'en laisser tomber immediatement dans de l'eau commune froide et de l'y laisser refroidir. Toute la difficulté
est, de trouuer le degré de chaleur qu'il faut pour y bien
reüssir ; car si la matiere est trop chaude lorsqu'elle tombe
dans l'eau, les larmes en deuiennent glacées, elles s'é-
clatent et tombent en pieces dans l'eau ; mais celles qui
ne s'éclatent point et qui y demeurent iusqu'à ce qu'elles
soient tout-à-fait refroidies ce sont celles qui se trouuent
bonnes sans faute. Les plus habiles ouuriers ont peine de
trouuer le iuste temperament de la chaleur requise, et ils
ne peuuent pas promettre auec asseurance d'en faire vne
qui soit bonne ; de sorte que plusieurs manquent, ne
s'en trouuant parfois qu'vne bonne parmy 2. 3. ou 4.
Quelques vnes se glacent, mais ne tombent point en
pieces : d'autres se cassent en pieces deuant que la
rougeur du feu soit tout-à-fait passée et auec peu de
bruit : d'autres se rompent bientost apres que la rougeur est passée et auec plus grand bruit ; d'autres ny
ne se cassent ny ne craquent point qu'elles ne soient
tout-à-fait refroidies ; d'autres demeurent entieres pendant qu'elles sont dans l'eau, et se dissipent en pieces
d'elles mesmes auec vn bruit assez brusque, aussi-tost

qu'elles sont tirées hors de l'eau ; d'autres vne heure apres ; d'autres se conseruent pendant des iours et des semaines entieres et apres se rompent d'elles mesmes.

Si quelqu'vne se refroidit à l'air, ou couchée par terre, elle deuient semblable à vn autre verre en toute façon, comme en solidité.

Quand vne larme tombe dans l'eau elle fait vn certain petit sifflement ; le corps en demeure rouge pour quelque temps, et apres il en procede quantité d'eruptions comme des estincelles qui craquent, et la font mouuoir et sautiller : beaucoup de bulles en sortent dans l'eau tout alentour d'elle, iusqu'à ce qu'elle soit refroidie ; mais si l'eau est profonde de quelque 10. ou 12. pouces, ces bulles se diminüent tellement en montant, qu'elles s'euanoüissent deuant que de paruenir à la superficie de l'eau ; là où il ne s'obserue rien qu'vne petite vapeur.

Si on laisse tomber vne larme de verre dans de l'eau boüillante, elle se rompt dans l'eau sans manquer, ou deuant que la rougeur du feu soit passée ou bientost apres.

Dans de l'huile d'oliue, elles ne manquent pas si souuent que dans de l'eau froide ; elles y produisent vne grande quantité de bulles fort larges, et elles n'ont pas tant de cauitez ny si grandes comme celles qui se font dans de l'eau.

Quand on les laisse tomber dans du vinaigre, elles se glacent et craquent, de sorte qu'elles ne manquent de tomber en pieces deuant que de se refroidir. Le bruit qu'elles font en tombant dans l'eau est plus sifflant, mais les bulles n'en sont pas si remarquables.

Dans du lait elles ne font point de bruit, ny de bulles

qu'on puisse voir, mais elles ne manquent pas de s'y glacer et de craquer.

Dans l'esprit de vin, elles bullulent plus et y sont plus agitées que dans aucune autre liqueur, et ne manquent point de tomber en pieces. Lors qu'il y aura 5. ou 6. de ces larmes tombées dans l'esprit de vin, il s'enflamme; mais il ne prend point de goust particulier.

Dans de l'eau où on auoit dissoud du nitre ou du sel Ammoniac, elles ne reüssissent pas mieux que dans le vinaigre.

Dans de l'huile de terebentine, l'vne d'elles se cassa comme dans l'esprit de vin, mais la seconde la fit flamber.

Dans de l'argent-vif, vne de ces larmes estant forcée d'aller vers le fond, deuint aucunement platte et scabreuse à la superficie, mais l'experience ne fut pas accomplie, parce que la larme ne pût pas estre retenue dessous la superficie iusqu'à ce qu'elle se refroidit.

Le mesme me confirma tout ce que i'avois oüy dire de Drebel, et entre autres, qu'il sçauoit extraire vn esprit subtil de l'air, qui répandu dans vn grossier qu'on n'eust pû respirer, faisoit tomber en bas les parties grossieres, et le rendoit ainsi propre à la respiration. Il me dit que le Gendre dudit Drebel, qui n'est qu'à 3. ou 4. milles de Londres, sçauoit la maniere de distiller l'eau de la mer et la rendre douce; et cela aisément et suffisamment pour abbreuer tout l'equipage d'un vaisseau. Touchant la rarefaction de l'air, il me confirma ce que m'auoit dit le Chevalier Morey[1], scauoir qu'il y

---

[1] A rapprocher des faits suivants : « Les Yoghis demeurent de longues heures assis sur le talon gauche, ou le pied gauche

7

auoit un homme en Italie, Iesuiste, si ie ne me trompe, qui faisoit viure des enfants tant qu'il vouloit, sans qu'ils respirassent.

[Le 30.] L'apresdinée ie fus auec M. Plat à l'Academie, où ces Messieurs estoient assemblés à lire les Patentes du Roy de leur establissement et privileges, mises en grand parchemin, dont la premiere lettre a le portrait du Roy fait à la plume, dans le milieu, et à la marge sont les armoiries qu'il a données à la Societé : sçauoir, *d'argent aux armes d'Angleterre au premier quartier, auec vne Aigle pour cimier, et deux Chiens de queste auec des Couronnes au lieu de colliers pour supports, et la deuise,* NVLLIVS IN VERBA. M. le Cheualier Morey me vint prendre pour m'y introduire. On y fit recit à l'accoustumée d'une infinité d'experiences qu'on propose là premierement, et puis on en fait les preuues ou les essais, ou l'on les donne premierement à faire à quelques particuliers, et le Secretaire escrit tant la proposition que l'effet des experiences, soit qu'il ayt reussi ou qu'il y ayt manqué, afin qu'on puisse se détromper aussi bien des fausses propositions, que profiter des veritables.

---

posé sur la cuisse droite, le pied droit sur la cuisse gauche, l'orteil droit dans la main droite, l'orteil gauche dans la main gauche. Parfois c'est le menton sur la poitrine ; le front sur les genoux qu'ils tiennent leurs orteils. Le talon droit est souvent porté à l'épigastre. L'air qu'ils expirent, les ascètes doivent le respirer de nouveau et tâcher de le garder le plus longtemps possible... Voici les cinq intervalles du temps qui doivent s'écouler entre une inspiration et une expiration, chaque inspiration durant douze secondes et chaque expiration vingt-quatre secondes : 324, 648, 1296, 2592, 5184 secondes. » J Soury, *Philosophie naturelle* (page 214), d'après Preyer, *Ueber die Frforschung des Lebens.*

On y mit de la poix liquide de sa nature, et
partant qui n'estoit pas fonduë sur des grenoüilles
noires, qu'ils auoient creu estre des crapaux, et leur en
ayant emplastré le dos et l'estomach, quoy qu'elles l'os-
tassent fort au commencement, neantmoins elles mou-
rurent au bout d'vne demy heure. Pour les arrester, on
les auoit attachées par le pied auec vne espingle. On
mit du vif Argent sur d'autres ; mais cela ne leur fit
aucun mal. On montra un œuf de poule dans du vin de
Champagne enfermé dans vn vase de verre couuert
d'vn couuercle bien luté de poix tout à l'entour, contre
lequel œuf s'attachoit le tartre qui s'y precipitoit
depuis quinze iours qu'il estoit enfermé dedans.

[Le 31.] L'apresdinée ie fus me promener depuis
notre Logis iusques bien loin par de là S. Paul, et i'a-
chetay 60 Larmes de verre, cinq chelins.

Le premier [iuin], il fit tout le iour vn temps fort noir,
et froid, ce qui fut cause que ie ne sortis qu'vn peu le
matin, pour voir M. Morey, chez qui ie vis vne Montre
à pendule qui estoit faite de cuiure en forme d'vne
Ancre, et dont chaque reciprocation de mouuement,
faisoit vne seconde. Il me mena chez M. le Fevre,
où ie vis son Laboratoire et son Cabinet de drogues,
qui auoit esté celui de la femme de Cromwel, dans
lequel il y a plus de 80. tiroirs.

De là ie fus voir M. Oldembourg qui me dit qu'à la
derniere assemblée on avoit dit,

Que plusieurs legumes, entre autres les fêves venoient, quand mesme l'on ne mettoit en terre qu'vne
partie de la fève : ainsi qu'on la pouuoit couper en tant
de morceaux, qui produiroient tout autant de plantes,

et que les truffes de Canada faisoient de mesme, en mettant les endroits seulement où il y a des trous, comme la sortie de quelque racine ; que chaque morceau où il y auroit de ces trous, produiroit sa plante : Que les papillons des vers à soye estant morts, il s'engendroit de leurs corps des vers qui rongeoient les boëttes, dans quoy ces corps auoient esté enfermez, Que le fer d'vn chandelier estant échauffé auoit fait vn grand bruit, apres lequel on auoit remarqué à l'endroit où il s'estoit fait vn mouuement des parties comme celuy d'vn poulx ; qu'ayant chauffé du fer iusques à vn certain degré, il auoit fait du bruit ; et le chaufant dauantage il n'en auoit plus fait, et en auoit refait lors que se refroidissant il estoit retourné au mesme degré de chaleur.

Le 2. le froid noir continua. Ie fus le matin prendre en carrosse M. Oldembourg, puis nous allasmes en bateau iusques à la grand'Bourse, où nous prismes vn carrosse pour pour aller à 4. milles de Londres à vn village nommé Stratford-bou, pour voir le docteur Keiffer gendre de M. Drebel, lequel trauaille continuellement à la chimie, mais il n'y a trouué rien de nouueau, et tout ce qu'il sçait de plus beau, c'est ce qu'il a profité de feu son beau-pere, duquel ie me fis confirmer,

Qu'il auoit fait vne liqueur renfermée dans vn tuyau de verre courbé en demi-rond, laquelle auoit vn continuel mouuement de flux et reflux, mais qui n'estoit pas pourtant accordant auec celuy de la Mer, ny par le mesme principe : il n'auoit point aussi, à ce qu'il m'a asseuré, cette liqueur qui se troubloit lors que la Mer estoit agitée des vents, et qu'il y auoit tourmente, ainsi qu'on me l'auoit dit autrefois. Il auoit bien le secret de conseruer l'air dans sa pureté, et le rendre tousiours propre

à la respiration; ainsi ayant le secret ou la façon de
descendre dans vne machine faite en cloche dans le
fonds de l'eau, il y demeuroit apres, si long-temps qu'il
vouloit, ce qu'on ne sçauroit faire sans sçauoir son
secret, parce que d'abord l'air s'eschauffe ou se grossit,
ou plûtost selon son opinion il se consomme : car il
croyoit qu'il y auoit vne certaine quintessence dans
l'air laquelle seule nous respirons, et qui entretient la
vie, et qui venant à manquer il faut mourir, ce qui arri-
ueroit si l'on demeuroit longtemps dans un air renfermé ; à quoy il remedioit par vne quintessence qu'il
faisoit, qu'il nommoit, *Quintessence de l'air,* de laquelle
ayant répandu vne goutte dans l'air on respiroit auec un
plaisir, et une facilité aussi grande que si l'on eust esté
dans vne belle colline. Il auoit fait aussi vn vaisseau
qui se plongeoit dans l'eau quand on vouloit, et par le
moyen des rames qu'il y auoit attachées par dehors
auec des mâches aussi qu'on vestissoit, pour manier ces
rames, il alloit entre deux eaux ; mais il ne pouuoit pas
descendre plus bas que douze ou quinze pieds, autrement la pesanteur de l'eau l'eust empesché de remonter ;
et il se fut noyé. Touts ces secrets sont perdus par sa
mort, et il n'est resté au docteur Keiffer son gendre que
les suiuans. Vn instrument d'enuiron neuf pouces en
quarré, lequel se met au bout d'vn baston de 20. pieds
de long, lequel si-tost qu'il est appliqué contre vn
Vaisseau, le ressort se desbandant allume vne poudre
de telle force, et vertu, qu'à l'instant mesme elle fait
perir ce Vaisseau, de quelque grandeur qu'il puisse estre,
sans endommager celuy qui l'a appliqué, parce que tout
son effet se fait en auant, et non pas en haut ny en
arriere, dont il fit voir l'experience à Cromvvel,
lequel estoit en traitté auec luy pour l'acheter lors qu'il

mourut. Despuis on a desconseillé le Roy de l'auoir,
de crainte qu'il ne se communiquast, et ne fût plus
preiudiciable qu'auantageux à l'Angleterre, comme il le
seroit à tout le genre humain. Il a aussi celuy de distiller auec vn fourneau fort aisé à porter, et de fort peu
de charbon, vne si grande quantité d'eau de Mer qui se
rend par là douce et bonne à estre beüe, qu'en vingt-
quatre heures vn fourneau peut en distiller plus de 145.
liures, et on peut operer auec deux ou trois. Il a aussi
vn fourneau que i'ay veu, qui a deux pieds en quarré,
dans lequel auec 6. sols de charbon du païs, qui sont la
valeur de 3. boisseaux, on cuit en 24. heures 280. liures
de pain ; lequel, comme i'en ay fait l'essay, est
d'un goust beaucoup meilleur que celui qu'on cuit
aux autres fours et bien plus beau et point bruslé.

Le 3. nous fusmes oüir la Messe, et disner chez
M. l'Ambassadeur où ie vis M. Duplessis iadis M. Boneau.
L'apresdinée ie fus avec M. Oldembourg, et mon fils, à
deux milles de Londres, en carosse, pour 5. chelins,
à vn village nommé *le petit Chelsé* voir M. Boile.
Il nous dit sa pensée de la cause de l'attraction de l'eau
par le moyen d'vn chalumeau que plusieurs ont attri-
buée à la pression de l'air ambiant, qui estant pressè
par l'inflation qui se fait aux costez et à l'estomac de
la personne qui s'enfle en suçant, presse la surface de
l'eau, laquelle entre et monte facilement au tuiau, où
elle ne trouue point de resistance : mais comme il a fait
cette attraction dans une phiole dont il auoit fait seeler
hermetiquement le col auec le tuyau par lequel il atti-
roit et suçoit l'eau, et qu'ainsi la pression de l'air
ambiant ne pouuoit rien operer contre la closture de la
phiole, il a conclu que sa pensée estoit la veritable :

sçauoir que tant l'air renfermé dans la phiole au dessus
de l'eau que celuy du tuyau, et celuy que l'homme respire estant esgalement pressez, rien ne peut obliger
l'eau de monter dans le tuyau; mais lors qu'en aspi-
rant on rarefie l'air du tuyau, aussi bien que celuy
qu'on a dans le corps, cette rarefaction n'estant autre
chose que le relaschement de la *compression de l'air*
et ses petits ressorts qui font de continuels efforts pour
se débander, estant ainsi debandez, ils ne font plus
tant d'effort contre l'eau, que celuy qui est enfermé
dans la phiole, lequel demeurant tousiours le mesme et la
pressant, l'oblige à monter iusques à ce que cét air de la
phiole, se dilatant autant que l'est celuy du chalumeau
et de l'estomac, ils pressent touts deux également cette
eau ; laquelle pour lors s'arreste iusques à ce que l'air du
chalumeau et de l'estomac se compriment, soit en soufflant, soit en y laissant entrer l'air ambiant, qui est plus
pressé que celuy de la bouteille qui est un peu des-
bandé, il presse l'eau et l'oblige de descendre.

Il nous dit aussi, que la pensée d'vn de ses amis de
la raison de l'ascension de l'eau dans un tuyau estroit
par dessus son niueau, luy plaisoit fort; sçauoir que
l'eau s'attachoit plus facilement à des certains corps
que l'air, et qu'elle passoit plus facilement dans de petits
passages que ne faisoit l'air ; c'est pourquoy l'air entrant
plus difficillement dans le petit chalumeau de verre que
l'eau, le cylindre d'air du chalumeau ne repoussoit pas
l'eau auec tant de violence, que l'air libre la surface de
l'eau restagnante : ce qui l'obligeoit à monter aidée
encor par la facilité qu'elle a de s'attacher au verre,
ce que ne fait pas l'argent-vif : Et pour confirmation
de la facile vnion de l'eau auec le verre, c'est que si
l'on engraisse le canal du chalumeau d'vn peu d'huile,

l'eau ne montera plus. Or pour prouuer¹ que l'eau passe plus aisément dans de petits passages que l'air, c'est que si l'on fait vn tuyau dont vn bout soit si delié qu'à peine un crin y puisse entrer, et qu'en plusieurs endroits plus haut où le canal est plus large, on l'ayt retreci exprés, comme en cette figure; et qu'ayant mis de l'eau dans ce tuyau, et vn peu d'air entre cette eau; si vous faites couler cette eau, elle passera aisément dans les endroits retrecis, et serrez marquez A, B : mais quand l'air y arriuera il s'y arrestera sans pouuoir passer, si ce n'est que vous le forciez en *l'attirant* et suçant par le bout A ; ce qui a fait penser à M. Boyle que les parties de *l'air,* quoyque plus subtiles que celles de l'eau, sont plus difficiles à estre pliées; au lieu que celles de l'eau quoyque plus grossieres, se pliant entierement et plus aisément, entrent auec facilité où celles de l'air ne peuuent entrer, estant à demy estenduës : mais si tous deux sont egalement comprimez, alors l'air estant plié entierement, et estant plus petit que l'eau, il passe auec plus de facilité qu'elle. Il nous fit voir des merueilles des couleurs; car il auoit vne liqueur qui paroissoit toute iaunastre regardée d'vne façon, et d'vne autre elle paroissoit de deux couleurs, et y ayant ietté une tres-petite goutte d'vne autre liqueur claire, elle deuenoit tout-à-fait iaunatre ; puis ayant ietté dedans vne autre eau claire, elle reprenoit ses deux autres couleurs. Il en auoit deux autres, dont l'vne estoit d'vn violet fort obscur, dans laquelle iettant vne autre eau claire, elles faisoient le plus beau pourpre ou rouge du monde ; sur lequel iettant vne autre eau claire, le tout deuenoit vn vert gay admirable, et par vne autre iniection deuenoit claire : et ainsi de suite alternatiuement se changeoit, et se remettoit à son premier estat. Il en auoit

encore deux claires, qui meslées faisoient vn lait extremement espais. Il a vn fort beau Laboratoire où il fait
tous ses extraicts, et autres operations, dont il m'en montra vne d'vn sel, lequel mis tout sec auec des feüilles
d'or 16. fois plus épesses que celles des liures à dorer,
le tout dans vn creuset sur vn petit feu, mesme d'vne
chandelle, ledit sel calcine l'or si parfaitement que l'eau
apres les dissout tous deux, et s'en' impregne comme
elle fairoit du sel commun. Il a vn fort bon Telescope,
et deux Micoscopes excellens, qui surpassoient en grosseur les miens, mais non pas en clarté.

[Le 4.] M. Boile me dit ce iour, que pour bien voir
vn oeil, et toute sa contexture il en prenoit vn de bœuf
ou autre animal, qu'il faisoit geler, ou naturellement en
hiuer, ou par artifice en esté, et que lors qu'il estoit
gelé, il le coupoit facilement auec un bon ganif, et en
examinoit ainsi la contexture.

Le 5. M. Boile me dit :
Que la pesanteur de l'air se connaissoit par l'instrument icy peint, d'vne bouteille dans laquelle il y a
vn tres petit tuyau de verre, si bien collé auec du
ciment, ou hermetiquement, qu'il ne puisse entrer de
l'air dans la bouteille que par le tuyau, et point par le
col ; alors remplissant d'eau la bouteille iusques à
vne indifferente hauteur, puis soufflant par le tuyau
affin d'introduire de l'air au dessus plus qu'il n'y
en a, qui par consequent presse l'eau, et l'oblige
de monter par le petit chalumeau, par exemple iusques à la marque C. Si l'on porte cet instrument en
vn lieu fort esleué, l'air ambiant qui y est moins pressé
n'appuye pas si fort sur l'eau par le cylindre qui y

8

passe par le tuyau, que celuy qui est dans la phiole, lequel garde la mesme pression, et ainsi oblige l'eau de remonter dauantage dans ce petit tuyau : et tout au contraire, si l'on porte l'instrumēt en vn lieu plus bas que celui où il a esté preparé, parce que là l'air y estant plus pressé que celui de la phiole, il agira dauantage contre l'eau et la fera descendre dans le tuyau plus bas que la marque C. Il me dit aussi que pour espurer l'huile, il la faut metire dans vn Vaisseau comme celui qui est ici depeint, dans le milieu duquel il y a un trou ou tetine, que l'on bouche parfaitement ; puis on met de l'esprit de vin iusques à la hauteur de ce trou et par dessus de l'huile d'oliue qu'on fait parfaitement digerer ensemble ; apres quoy ouurant le trou, l'huile en sort bien purifiée et l'esprit de vin reste en bas chargé des crasses et terrestreités de l'huile : que deux parts de sel de nitre, vne part d'alun tous deux parfaitement purifiez par solution, filtration et coagulation,et vne part ou vne demy-part de sel gemme bien broiez ensemble, auec vne 15. ou 20. partie d'or et le tout mis dans vn creuset à petit feu, le calcinoit en sorte qu'auec l'esprit de vin ou auec l'eau tout se dissoluoit : que l'esprit de nitre, et celui de sel joints calcinoient parfaitement le talc de Boëme, dont on trouue vne grandissime quantité de semblable qui vient dailleurs ; qu'vn de ses amis ayant fait à l'ordinaire du regule d'antimoine, et ayant ietté la tuile qui couurait le creuset lors de la tonatiō, dans vne cour sur laquelle la nege estoit despuis tombée, apres qu'elle fut fondue, il trouua que toutes les fleurs d'antimoine qu'il y auoit sur cette tuile, lors qu'il la ietta, auoient changé de couleur et que les voulant toucher pour les considerer, il en coula beaucoup de mercure.

Le 6. ie fus l'Apresdinée à l'Academie ou entre autre choses,

On demanda la raison pourquoy on ne semoit point en ce païs le bled dans la mesme terre qu'on l'auoit ceüilli : car on obserue d'en acheter vn autre pour cela. On demanda aussi si l'on deuoit attribuer à succion ou à pulsion ce phenomene de l'argent-vif; sçauoir; qu'ayant plongé vn tuyau de verre dans iceluy apres qu'il s'y est enfoncé autant que son poids l'a permis et qu'il s'y est introduit vn peu de mercure, si l'on bouche l'orifice qui est dans ledit argent auec le doigt, et qu'apres on remplisse par dessus tout le reste du tuyau d'argent-vif, et qu'alors on bouche auec le doigt l'orifice superieur, on esleuera facilement tout ce tuyau plein d'argent-vif iusques à la superficie de l'argent-vif restagnant, sans le tenir que par le doigt appliqué simplement sur son orifice superieur; ce qui se fera de mesme quand bien on ne le rempliroit point, et qu'on laisseroit vne partie pleine d'air, ce qui semble à plusieurs estre vn effet de succion ou attraction, quoy que M. Hugens l'attribue à la pression de l'air sur le mercure resta-gnant, qui le fait remonter et tenir dans le tuyau. On y obserua en la dissection d'vne Carpe, que le mouue-ment du cœur estoit iustement égal à celuy du palais que le vulgaire prend pour la langue, et qu'il y a entre les deux vessies, deux conduits, par lesquels l'air de l'vne entre dans l'autre.

Le 10. ie fus voir le matin M. Vallis, qui me mena au College de Christ oüir vne Predication, ou estoient les Docteurs auec des robes de drap rouge, et des cornettes de mesme drap et couleur, auec des bonnets quarrez, et tous plats, dont les cornes sont au dessous, et auxquels

est attachée vne calotte de drap noir, dont le derriere
est fort allongé pour couurir la teste iusques sur le col.
Beaucoup de Bacheliers portent de semblables bonnets:
Les *Docteurs de Theologie* ne portent que des toques et
des robes de drap noir, auec de grosses houppes de
soye noire le long des manches. Les Escoliers de
grande condition portent des robes de chambre de
soye de diuerses couleurs, auec des boutons ou des
galons d'or. *Au sortir nous fusmes disner chez* M.
Vallis qui *me* fit voir le modelle en bois d'vn plancher
qui se peut faire d'vne grandeur extraordinaire, nonobstant qu'on ne puisse trouuer des poutres que cinq ou
six fois moindres qu'il les faudroit. Apres diné, nous
fusmes à vn autre *Sermon à l'Eglise de sainte Marie,*
que *ie n'entendois non plus que le premier ; et i'estois*
comme vn petit Gentil'homme Anglois qui demeure chez
M. Vallis qui est muet et sourd de naissance, auquel
M. Vallis a appris à lire, et en ma presence il leut vn
livre Anglois *comme vn autre personne; si ce n'est qu'il*
ne *prononçoit qu'une syllabe à la fois.* C'est le second
auquel il a appris à parler. Ledit Sieur me fit remarquer
que la difference de la prononciation du B, d'auec celle
du P, se reconnoit seulement à vn petit mouuement du
nez, qui se fait lors qu'on prononce le B. Nous fusmes
encore au *College de Christ oüir leurs Vespres,* que
chanterent les Chanoines de ce lieu : ils ont de grands
sui pelis blancs, par dessus lesquels ils ont des frocs
d'escarlatte doublez de tafetas, lesquels couurent les
espaules ou plûtost le dos, et non pas la teste ; car ils sont
comme des escharpes redoublées sur le dos, qui pendent
bien bas. *De là nous fusmes auec vn certain* Gentil'homme
Polonnois au Iardin des simples qui est hors la Ville,
lequel est petit et assez mal-tenu : ie n'y vis rien digne

de remarque qu'on *Abrotanon vnguentarium*, qui sent
extraordinairement l'onguent. Ie mesuray le matin la
largeur de la Ville, qui n'est que de 1300 et tant de pas,
dont la longueur est toute pareille.

[Le 11.] Outre le College que i'allois voir par curiosité
comme tous les autres, i'y allay encore plus pour voir
M. Renes grand Mathematicien quoy que petit de corps,
mais des plus ciuils et des plus ouuerts que i'aye trou-
uez en Angleterre : car quoy qu'il ne veüille pas que
ses pensées soient diuulguées,

Il ne laissa pas de me dire fort librement celle de
son Horologe du temps, qui fait mouuoir vne regle, sur
laquelle est attaché vn rayon qui marque sur des cercles conceniriques qui correspondent aux heures, tous
les changements des vents, qu'vne Girouëtte indique, en
les faisant tourner, et de mesme les pluyes, la gresle,
et la neige par des vases attachez à cette roûe, qui
passent à châque heure sous vn entonnoir, dans lequel
il peut pleuuoir, neger, ou gresler; et le chaud et le
froid par vn Thermometre qui fait hausser, ou baisser
vne tablette, contre laquelle vn crayon de la *regle* sus-
mentionnée allongée autant qu'il faut pour cét effet,
marque en trauers les heures, comme la table marque
en hauteur les changements.

Il me dit aussi sa pensée pour faire vn fourneau
comme celuy de M. Keffer, sçauoir qu'il y ait deuant
le Registre vn Vase, qui soit moitié dans le fourneau et
moitié dehors, et qui soit plein d'argent-vif; lequel se
haussant lors que l'air de la cornue qui est sur les
cendres, le presse, il bouche le registre ; car la muraille
du fourneau est comme vn diaphragme qui diuise le
vaisseau du vif-argent en deux.

Le 12. ie fûs voir M. Renes, qûi me dit

La maniere d'vn Thermometre auec vn tambour, aū-
tour duquel il y a vn canal de verre, et dans ce canal
vn trou qui communique dans le tambour, et vn autre
qui communique, ou reçoit l'air ambiant ; puis mettant
de l'eau dans ce canal, elle fait tourner le tambour qui
est suspendu par son centre, si bien que l'air qui est
dans le tambour se rarefiant, sort par le trou du canal,
et presse l'eau, laquelle changeant de situation, en fait
changer à la roüe. Et ce pourroit bien estre la machine
de Drebel du flux, et du reflux, ou du mouuement perpetuel.

Il me dit aussi la maniere de connoistre le sec, et
l'humide : car le sec n'estant qu'vne priuation, ou dimi-
nution de l'humide, il suffit d'obseruer la quantité de
l'humidité : ainsi mettant vn grandissime, et large
entonnoir de verre, dont le bec soit tres-estroit dans vne
caue, ou lieu fort humide, et ombragé, et hors de
l'iniure du vent, proche pourtant d'vne fenestre, et
suspendu au plancher, en sorte qu'il n'y ait pas deux
trauers de doigt entre l'entonnoir, et le toit ou voute ;
car pour lors à proportion qu'il y aura de l'humidité
dans l'air, elle se condensera en eau, et distillera goutté
à goutte par le bec de l'entonnoir dans vne balance fort
ingenieuse, pour marquer tres-exactement les poids de
chaque chose. Elle est faite en sorte que la balance, ou le
bras, est fixe sur son axe, et ne chancelle point, mais
son axe estant suspendu par vn anneau, et la balance
demeurant paralelle à l'Horizon, quand on charge tant
soit peu vn bassinet, cette balance s'incline tousiours
de plus en plus ; et il y a vn fil auec vn poids au bout,
qui tombe perpendiculairement de l'anneau qui tient
l'axe, lequel gardant tousiours sa perpendicularité passe

par diuerses marques du bras qui s'incline, et montre
ainsi la difference iuste des poids. En chemin i'achettay
pour vn chelin le luire *De Tachygraphia*. M. Vvreine
me dit qu'il croyoit que l'esprit de sel estoit plus propre
dans les Thermometres que celui de vin.

[Le 13.] l'allay en suite à l'Academie.

Où l'on fit la condensation de l'air dans vn gros
globe de laiton fort espais, qui auoit deux grandes
lunettes de cristal qui s'ouurent, et on introduit par
là ce que l'on désire : elles sont vis-à-vis l'vne de
l'autre pour voir se qui se passe dans cette machine,
lors que par le moyen d'vn cry qui pousse vn baston de
seringue dans un canon de laiton, qui abboutit à ce globe
comme vn manche, l'on y fait entrer l'air qui y demeure
par le moyen d'une soupape. On y auoit enfermé vn
Thermometre de verre, duquel l'eau fut poussée iusques
au dedans de la boule d'en haut, par la compression de
l'air qui pesoit dessus cette eau plus qu'auparauant. i'y
vis vn Eolypile, lequel apres qu'il eust esté extremement chauffé pour dilater l'air autant qu'il fut possible,
au lieu de le mettre dans l'eau pour l'en remplir, on
boucha au contraire le trou si parfaitement, que l'air
mesme n'y pût entrer : ce qui fit que lors que celuy qui
estoit resté dedans commença à se condenser, cette
poire de cuiure se retira, et cabossa, comme si l'on luy
auoit donné des coups de marteau pour l'applatir.

l'y vis vne chaize à dossier pliant d'vne façon tres-
simple, et plus commode que celles de France ; car il
n'y a qu'une simple courroye de bon cuir, de la largeur d'vn pouce, qui passe dans les bras de la chaize
et s'attache d'vn costé au marchepied, et de l'autre
bout au dossier : et comme le dossier et le marchepied

sont en equilibre, ou à peu pres, à mesure qu'on s'appuye, le dossier se renuerse autant que l'on veut, *et le marchepied se hausse* : et par le moyen de 5. trous qu'il y a dans ces courroyes, et de deux petites cheuilles qu'on y passe dedans, *les courroyes s'arrestent* contre les bras de la chaize, et le dossier ne sçauroit se renuerser dauantage. I'y vis aussi la Machine de M. Renes pour la mesure du froid et du chaud, qui est faite de fer blanc, sçauoir vn tambour suspendu par deux bouts d'axe qui sont au centre de ses deux fonds, et qui balancent tres–facilement sur deux pieds, et vn petit perpendicule qui marque les degrez de change– ment de chaud et de froid. I'y vis aussi de petites ba– lances d'essay, mises dans vne *lanterne, dont les filets* estoient de trois ou quatre fils de laiton ou autre meta fort deliez, attachez l'vn à l'autre comme vne chaisne, et les bras de la balance estoient entre deux cordes de boyau extremement estendues, et paralelles, en sorte que la moindre inclination que la branche de la balance fît, elle n'estoit plus paralelle auec les cordes de boiau, et *ils passoient d'vn costé plus bas qu'elles, et de l'autre* plus haut. Pour les faire ioüer, il tiroit par dessous la lan– terne, *vn ressort qui faisoit abaisser vne regle de laiton,* au deux extremitez de laquelle il y auoit deux platines de verre de la grandeur d'vn escu blanc, sur quoy reposoient les bassinets de la balance, de façon qu'on ne touche iamais la balance, mais seulement le plan sur lequel elles s'appuient : vne quatre-centiesme partie de grain la fait tresbucher.

Dans l'assemblée on dit ; qu'ayant mis vn petit caillou dans vne phiole, et y ayant mis de l'eau, apres quelque temps le caillou auoit creu en sorte *qu'il ne pouuoit sor-* tir sans casser la phiole ; ce qui montre que les pierres croissent. Celui qui dit l'auoir esprouué, dit que c'estoit auec de l'eau ordinaire, sans aucun chois.

Vn autre dit qu'vn Medecin Anglois reuenant de France, s'estant trouué en mer obligé à ne pouuoir manger que du fromage et boire de l'eau de vie, et du biscuit pendant 17. iours, estant en terre et se trouuant incomodé, on lui donna vn lauement qui lui fit faire vne grandissime quantité de toute sorte de coquillages.

Vn autre dit ; que l'on trouu it dans l'Irland : dans les mines qu'il y a, du plomb, et d'autres mineraux parmy la terre et que si l'on mettoit cette terre apres en avoir tiré ces metaux en quelque lieu à l air. dans quelques années ou y retrouuoit encore parmy la mes ne des mesmes metaux.

Vn autre dit qu'vn Seigneur d'Angleterre connu de toutte l'assemblée le Duc d'albemarle ayant vne si grande difficulté d'vrine procedant de la pierre, qu'en quelque posture qu'on le pust mettre. il ne pouuoit vriner, il luy ordona durant quelques iours de mascher du tabac en feüilles, il auoit esté entierement guéri.

M. Morey me dit cette experience du changement de l'eau en air, Que si l'on rem plit vn matras, ou phiole d'eau et qu'ainsi pleine on la renverse le col en bas dans vn Vaisseau plein d'eau, en sorte qu'il ne sorte aucune eau de la phiole, et qu'en suite l'on lisse chauffer le Vaisseau dans lequel cette phiole a esté renuersée, toute l'eau qui est dans la phiole en sort, et des vap urs y entrent, lesquelles sont sorties de l'eau eschaulée, puis que l'air ambiant n'a pù descendre dedans, pour remonter apres dans la phiole : et quand l'eau du Vaisseau se refroidit, la phiole se remplit d'eau à proportion de ce refroidissement. L'on dit encore dans l'assemblée qu'en Suisse on gardoit le bled sans qu'il se

9

corrompit des 80. et 100. années, en le laissant simplement dans l'espic.

Ie debarquay à *Arondel*, où ie vis quelques figures
antiques, M. Oldembourg me dit,

La maniere auec laquelle il pretendoit de puiser de
l'eau du fond de la Mer, pour sçauoir si elle y est douce,
comme quelques vns l'asseurent, en y faisant descendre
un cylindre, aux deux fonds duquel il y a vne valuule
à chacun, qui s'ouurent toutes deux, quand le cylindre
descend, et donnent l'entrée et sortie libre à l'eau :
quand il est au fond de la Mer et que la derniere eau
y est entrée, en retirant le cylindre, ces deux valuules
se ferment et cette derniere eau y demeure enclose,
sans qu'il y en puisse entrer d'autre en sa place.

[Le 15.] Les obseruations de ce Milord [1] monstrent
la grande facilité que diuerses figures ont d'aller sur
l'eau : pour cela il a vn grand Vaisseau de bois comme
vn billard, soutenu sur des colomnes tout rempli d'eau,
sur lequel par le moyen des poids qui sont attachez à
des cordes de boyau, passées dans des poulies et attachées à des bateaux de diuerses figures, il les fait aller
dans ce canal artificiel : Deux entre autres, d'ont l'vn est vn
triangle isoscele, l'autre est composé de deux cylindres
creux dedans, et dont les bouts sont aigus et relevez
comme le bout d'vn sabot : sur ces deux cylindres vn
Vaisseau ou bateau plat doit estre basti, et l'experience
monstre que lors que tous deux sont meus par une
grande force et égale, quoy qu'ils soient de mesme
poids, le triangulaire va plus viste que l'autre : mais
quand la force qui les meut est mediocre, le triangu-

---

[1] Brounker.

laire va plus lentement. Il fit voir encore que ce triangulaire alloit contre le vent, car soufflant le long d'vn
de ses costez de pouppe à proüe, au lieu de faire auancer
la proüe, c'estoit l'angle de la base qui alloit le premier
du costé d'où venoit le vent, comme ce peu de figure fera
voir. B où le vent qui vient d'A, au lieu de pousser le
bateau vers B, le fait aller du costé de C. Ces Messieurs[1]
me dirent qu'ils croyoient que l'eau receuoit la compression, non seulement par le moyen de l'instrument qu'ils
ont pour cela, où ils ont veu qu'ayant lasché le robinet
apres l'operation, l'eau reiaillissoit côme vne iet de fõtaine.
Neanmoins que cela se pouuoit attribuer à l'extension
du Vaisseau, par la substance duquel elle sortoit, quoy
qu'il fut de cuiure et l'on voyoit l'exterieur du Vaisseau humide et suant et qui se rõpoit quelque fois;
Mais qu'ils auoiët verifié et esprouvé que ce Vaisseau
de cuiure s'estoit cabossé.

ils me dirent qu'ils auoient aussi observé, qu'vne
vessie de verre close hermetiquement, apres l'auoir
mise à l'equilibre auec l'eau autant qu'il se pouuoit, si
l'on bouche auec le doigt le col de la phiole pleine
d'eau, dans laquelle on a mis cette vessie de verre qui
n'enfonçoit pas, en sorte que pressant et appuyant fortement dessus on comprime l'eau, alors la vessie des-
cendra au fond. Ce qui se doit sans doute attribuer à
la compression du verre, lequel par ce moyen occupe
moins de place, et garde sa mesme pesanteur en moins
de volume, et non pas à la compression de l'eau ;
parce qu'en ce cas si elle estoit comprimée, elle en
deuiendroit plus pesante, et la vessie y descendroit moins
encore qu'auant sa compression.

[1] Probablement milord Brounker et M. Morey.

[Le 17.] Ie fus chez M. Oldêbourg, qui me leut ce qu'on auoit dit à l'Academie, les deux dernieres seances, dont ie ne pris que cecy.

Que l'huile de boüis appliquée sur les escroüelles les fait suppurer, et qu'aprés la poudre de la petite scrofulaire les fait secher.

Que la marque du veritable baume est de ne point surnager dant l'eau, mais de s'y mesler et la teindre comme du lait; qu'estant tombé sur du drap il en est parfaitement osté auec de l'eau simple; et que si l'on en met dans du lait, il le fait prendre à l'instant.

Que le fils du Milord Brereton dit, qu'vn Gentil'homme de sa connoissance coupoit en certain temps ses bleds verts, ce qui faisoit que chaque racine ou grain produisoit iusques à cent espics, mais M. Oldembourg croit qu'il faisoit encore rouler quelque fardeau par dessus, comme vn rouleau de bois pour les fouler.

Qu'vn nommé M. Paquer connoit aux espics lors qu'ils sont en fleur, ceux qui ne sont pas sujets à estre bruslez d'une certaine broüée qui les grille, et il les remarque et les reserve pour les semer. Le remede contre ce mal est d'abattre cette rosée quand e'le est tombée dessus les bleds, en passant par dessus vne corde tendue. Que le bled estant semé dans sa gousse prosperoit infiniment plus que s'il estoit nud. Que dans la prouince de Chechir en Angleterre, afin d'empescher ce grillement de bled par la broüée, on laisse le bled qu'on veut semer 24. heures dans de la saumure, dans laquelle on mesle aussi du bol, et retirant le bled de là on le seme à l'instant : et cela empesche aussi que les oyseaux ne le mangent.

Que les moutons qui paissent en des païs gras comme en Angleterre, n'ont point de cornes, ou du moins en

ont de fort petites, et que ceux qui paissent en des
païs maigres ont des cornes et mesmes en ont iusques à
quatre, comme dans la Suede : et si l'on change ces
moutons de païs, ils changent aussi alternativement de
constitution pour ce qui est des cornes.

Que l'eau distillée de l'ail guerit la fievre quarte, si
vne heure auant l'accez on en boit trois cuillerées dans
vn demy-septier de tres-bon vin d'Espagne ; et qu'on
reitere deux ou trois fois, si l'on ne guerissoit pas à la
premiere.

Il me montra aussi vn instrument auec lequel on
dessine tres iustement tout ce que l'on voit, par le
moyen d'vne regle, que deux filets et vn plomb tiennent
touiours paralelle à l'horizon contre vn chassis éleué
perpendiculairement : laquelle regle a vne espingle à
vn de ses bouts, que l'on conduit (avec la main appliquée au milieu de la regle) au rayon visuel, qui passe
par un petit trou iusques à vn endroit de l'objet : et
continuant de conduire cette espingle deuant touts les
endroits que vous regardez par ce petit trou, vn crayon
que vous tenez à la main et qui est attaché au milieu
de la regle, trace sur le chassis tous les traits que
l'espingle suit sur l'objet, guidée par le rayon visuel.

Le 19. M. Le Févre me vint voir le matin qui me dit,
Qu'on auoit appris que l'*Ambre gris* estoit la cire
et le miel, que les mouches font contre de grans rochers
creusez qu'il y en a au bord de la mer aux Indes ; ces
ruches cuites par le Soleil, se detachant par leur poids,
tombent dans la mer, qui par son agitation, et son sel
acheue de les perfectionner : et qu'ayant rompu vne
grosse piece d'ambre qui ne deuoit pas estre acheuée en
sa perfection, on y auoit trouué dans le milieu de sa

substance, le rayon de cire, et de miel tout ensemble ;
et que pour confirmation, quand on fait la dissolution de
l'Ambre gris auec de l'esprit de vin passé sur le tartre,
il reste à la fin vne matiere toute semblable au miel.

Il me dit aussi que le Roy lui auoit fait voir ce matin
vne vegetation qui se faisoit en vn instant, en iettant
certaine chaux de metal dans vne liqueur, et qu'vn
Grec auoit appris cela au Roy.

Il adiousta qu'vn de ses amis auoit veu vne transmutation d'vne piece d'argent quarrée, sur le milieu de
laquelle cét amy ayant ietté vne goutte d'vne huile
qu'on lui auoit donnée en Hollande, cét endroit estoit
deuenu or, et qu'à mesure qu'il donnoit plus de feu à
cette piece, la *transmutation augmentoit tousiours en
rond*, iusquez à ce que l'ayant fait rougir entierement, elle
auoit esté toute transmuée, à la reserue des quatre coins.

[Le *20.*] M. le *Cheualier Morey* me vint voir, auquel
ie fis voir mes lettres, comme i'avois fait à M. Boile.
L'apresdiné ie fus à l'Academie où ie pris le dessein de
la machine dont ils se seruent pour faire les experiences du vuide qui est de cette sorte.

Ie vis dans la mesme Academie vn instrument qu'a
fait M. Renes pour prendre la distance de deux estoiles.
Ce sont deux tuyaux de lunettes, lesquels sont quarrez,
par lesquels deux hommes regardent en mesme temps
chacun son estoile, sans s'empescher l'vn l'autre ;
parce qu'ils se ioignent ensemble du costé des verres
obiectifs par des charnieres, qui font qu'ils s'esloignent,
et s'approchent, comme vne porte fait de son iambage.
Vn de ces deux tuyaux est appuyé sur vn pied par
vn rond de bois comme vne dame à ioüer, laquelle
est esleuée perpendiculairement sur le pied de la

lunette, et le tuyau appuyé sur la dame ou rond à angle droit. Cela fait que le tuyau se peut tourner au mouuement que l'autre fait, sans pourtant changer de situation. Sur ces tuyaux il y a deux petits boutons aux deux bouts pour viser les estoiles, et en prendre la mire ; et par dedans il y a proche du verre oculaire vne pointe d'esguille, placée iustement dans la ligne qui unit les centres de l'obiectif, et de l'oculaire : par le moyen de laquelle on prend iustement le centre de l'estoile. Ainsi suiuant la distance ou l'ouuerture des deux bouts par où l'on regarde, contre lesquels est une regle mouuante, et graduée, l'on prend la distance des planettes par l'ouuerture, ou la grandeur de l'angle.

L'on voulut faire vne experience auec la machine de cuiure pour côdenser l'air, et l'on y auoit mis dedans une souris, pour voir si elle mourroit par la condensation, comme elles meurent dans la rarefaction ; mais vne des vitres qui sont aux portes de cet instrument se cassa, quoy qu'elle fut d'vn verre tres-fort, si bien que l'experience ne se pût faire. Messieurs Hugens, et de Sorbiere y assisterent. Ie donnay à l'Academie la description qu'elle m'auoit demandée de ma maniere de peser les liqueurs. Apres l'Academie, ie fus auec M. de Sorbieres à la Verrerie, où l'on me promit de me faire les Vaisseaux que ie desirois, pour l'epreuue de la pesanteur de l'air, et pour vn Thermometre de la façon de M. Renes.

Le 22. ie fus le matin voir M. le Feure qui me dit.

Qu'vn miroir ardant fait de deux glaces de miroir qui se ioignent apres auec du linge trempé dans la colle de poisson, entre lesquelles on met de l'eau, fait plus d'effet que s'il estoit d'vn seul verre, et que pour donner à chaque glace la figure Spherique, il faut le faire dans vn fourneau de reuerbere, les ayant appliquées, ou posées sur vn moule de fer, ou de fonte bien poli; car lors que le verre commence à se fondre, il prend la figure du moule sans perdre sa polissure.

Il me dit aussi que pour bien vitrifier l'antimoine sans addition, il faut premierement le bien calciner selon l'art, iusquez à le reduire en couleur grisastre, et qu'il ne fume plus : alors on le met dans vn creuset, mais quelque feu qu'on luy donne, il seroit impossible de le faire fondre, si l'on n'y iette dedans vn peu d'antimoine cru, qui le fait fondre d'abord, et ainsi il se vitrifie; Que pour dorer l'argent sans Mercure, l'appliquant simplement dessus, auec le doigt, aprés auoir bien decrasès, et poli l'argent, il le faut dissoudre dans l'eau regale, puis auant qu'y mettre le linge, il faut faire dissoudre du salpetre bien purifié dans la dissolution d'or en pareille quantité que celle de l'or, puis mettre du linge bien net dans cette dissolution, iusques à ce qu'il y en ait assez pour boire toute cette dissolution : et quand elle est toute beûe, mettre ce linge dans vn creuset au feu pour le calciner iusques à la parfaite rougeur du creuset, puis le laisser retroidir, et prendre ce qu'il y a dedans de calciné, et le bien broier sur le marbre, pour le reduire en vne poudre noire tres-subtile, laquelle appliquée simplement auec le doigt, dore, comme il en fit l'espreuue en ma presence sur la boëte de ma montre : mais l'or est mat, et n'est pas si vif que celuy de l'argent-vif.

Il me dit aussi que le Cinabre mineral pendu au col des Epileptiques leur seruoit d'vn souuerain perseruatif, et de mesme empeschoit les conuulsions des petits enfans.

Ie vis chez luy de ces Vaisseaux qu'on nomme d'En-
fer pour la corporification, ou fixation des esprits en
sel, ou volatilisation des sels en esprits, faits des deux
manieres qui sont en la figure[1].

Il me dit aussi que la meilleure maniere de la dissolution de l'or, estoit celle qui est dans Pharmacopœa
Augustana, que ie copiay. ℞ *Auri finissimi per antimo-*
nium purgati, et subtiliter laminati vnc. semi, salis nitri
purissimi vnc. 10. *aluminis vnc.* 8. *salis marini vnc.* 5.
misceantur, et infundantur cucurbitæ vitreæ, quibus affun-
datur aquæ simplicis quantū satis pro totali dissolutione
salium : coquantur post in arena igne moderato ad spis-
situdinem, et siccitatem pristinam salium, aurum totaliter
soluetur, et salibus permiscebitur : denuo affundatur aqua
simplex, digerantur, et soluantur iterum, et filtrentur.
Apres quoy ou l'on le fait dissoudre par l'esprit de
vin, rec ifié sur le sel de tartre, ou l'on le fait precipiter
avec l'huile de tartre, comme on fait l'or fulminant :
quand il se dissoud dans l'esprit de vin, il ne s'y mesle
aucun des sels, comme tout le monde sçait, qu'il n'en
peut point dissoudre.

Il y a vne troisieme maniere de Vaiffeau Infernal fait
en ventouse, fermé par le haut, et qui ne respire point,
ny ne reçoit point d'air, comme les deux autres cy-
dessus, et dont les vapeurs aussi ne se perdent point.

[Le 23.] Au retour ie fus auec M. Morey voir le cabinet du Prince Robert, où il fait mille belles choses. Il
me montra vne maniere de releuer en perspectiue
toutes sorte de plans.

---

[1] La figure représente deux récipients de verre, piriformes,
l'un doublement renflé.

Par le moyen de deux bastons éleuez perpendiculairement, dont l'vn demeure fixe, l'autre à vne éguille à
sa base qu'on conduit sur tous les traits du plan geometrique, et vn troisiéme baston qui trauerse les deux premiers, marque contre le plan, ou chassis éleué perpendiculairement, non seulement les mesmes contours que
l'éguille de la base ; mais encore les hauteurs, à mesure
que vous haussez, ou baissez vne coulisse qui est dans
le baston mouuant, en mesme proportion, que sont vos
hauteurs ; car il fait hausser, ou baisser le bout du troisiéme baston, qui trauerse les deux premiers, qui a vn
autre de ses bouts appuyé, toûjours en mesme hauteur,
sur le premier pilier fixe, comme la figure en fera
mieux souuenir.

A Pilier fixe fendu.
B Pilier mobile fendu.
C Baston qui passe entre les fentes des deux piliers
    supporté par H et par I.
D Pointe qui marque l'image en perspectiue.
E Tableau ou se trace la perspectiue.
F Pointe attachée au pied du pilier mouuant, laquelle
    on conduit sur toutes les lignes du plan Geome-
    trique.
G Table et plan Geometrique.
H Support fixe qui represente le point de veüe.
I Support mobile qui fait hausser, ou baisser le baston
    C suiuant que sont vos hauteurs, lesquelles sont
    marquées au costé dudit pilier B par degrez.

Le 25. ie fus le matin chez M. Morey, auec M. Oldenbourg, que ie trouuay en chemin, ou ie pris heure pour
aller disner chez le Milord Chambellan. Apres ie fus

dire adieu au Milord Bronker, puis chez M. Pres, où il n'y auoit point de Montre faite.

Ie vis vn Pendule, que les Estats ont donné au Roy, fait de cuiure doré, en forme d'vn petit Cabinet, qui s'ouure en deux demy-portes, derriere lesquelles au lieu de tiroirs, il n'y a qu'vne belle glace de miroir, où l'on voit au trauers descendre vne petite boëte de cristal par plusieurs lignes vn peu inclinées sur l'horizon, faites d'vn petit fil de fer, ou laiton, comme ceux d'espinette, sur lesquels est appuyée ladite boule, qui à la fin de sa descente, entre par vn trou dans le corps de l'horloge, et aussi-tost il en ressort vne autre du haut, qui fait la mesme chose.

Le Milord me fit beaucoup de ciuilitez deuant et apres le disner, apres lequel estant chez M. Moray, il me dit comment.

En Liegeois dans les mines de vitriol, ceux qui y trauailloient, auoient de l'air en suffisance, sans auoir besoin de faire d'autres puits, que le premier, par où ils descendoient, sçauoir faisant vn tuyau de cheminée quarré, et si bien bouché des quatre costez, que l'air n'y puisse point entrer, et au dessous d'vne grille à tenir le charbon, qui est placée joignant le haut du chemin, ou l'on va en trauaillant, et vn canal par lequel passe l'air que le feu attire, et qui entrant par l'ouuerture de la mine, passe toûjours frais à l'endroit où l'on trauaille, comme ce peu de representation le fera mieux entendre :

A L'entrée de la mine, ou chemin.
B Cheminée qui sort au dessous de la montaigne, et descend plus bas que le chemin.
C Grille sur laquelle on iette le bois, ou le charbon.
D Profondeur ou tombent les cendres.

E Ouuerture du canal, par où l'air est attiré sous la
grille par le feu.

F Autre ouuerture du dit canal, par où l'air, qui
viẽt de dehors entre continuellement et rafraichit
ceux qui trauaillent là proche, et qui à mesure
qu'on auance plus dans la montagne, doit estre
prolongé, en sorte toutefois qu'il n'y puisse pas
entrer d'autre air, que par le bout.

Il me dit aussi trois manieres de chiffres. La premiere
par vn Triangle rectangle, dont le diagonale est diuisée
est autant de parties qu'il y a de lettres ; et appliquant
ce Triangle sur le papier, et le faisant marcher, ou perpendiculairement, ou horizontalement le long des bords
du papier, où l'on l'escrit ; apres auoir piqué contre la
lettre que vous desirez, et aduançant ledit Triangle
insques à ce qu'il trace le point que vous auez fait :
Alors vous piquez vne autre lettre ; et ainsi consecuti-
uement, il n'y aura que des poincts dans vostre lettre.
L'autre façon est d'auoir deux Dictionaires semblables ;
et pour les mots qu'on veut mettre prendre le chiffre
du feüillet et celuy de la ligne. La troisième est plus
difficile. C'est vn chiffre auec vne lettre, ou vne lettre
auec vn chiffre, pour signifier tant les lettres, les mono-
syllabes, que plusieu ; mots, dont on se fait vne Table.

Le 26. ie fus le matin dire adieu à M. Oldenbourg,
qui me donna vne lettre pour M. Borry, et vne autre
pour M. Iean George Ankoln à Ausbourg, delà ie fus
à Oüital, où ie vis la Lune, que M. Rene à faite de
relief en carton, suiuant le dessein d'Heuelius, et des
desseins à la plume d'vn Poû d'vne Pûce de la teste, et
d'vne Aisle d'vne Mouche, faits par le Microscope.

VOYAGE DES PAYS BAS

[A Bruxelles.] Le 8 [juillet 1663]. Apres diné M. de Salsede nous mena voir le cabinet d'vn Gentil-homme nommé S. Victor, dans lequel, il y a plusieurs curiositez.

Entre autres vne belle Momie toute entiere, quantité de figures entieres, des Cabinets, des coffres et des boëttes de la Chine ; vne patente du Roy de la Chine en papier de soye peint de fleurs d'or comme vn brocart ; vn livre d'Astrologie du mesme païs dont les feüillets sont tres delicats : et d'vne broderie de soye qui sont des roses, pour la couuerture d'vn coussin ; vn tableau d'vn demy-pied en quarré de Iesus Christ, qui laue les pied aux Apostres fait à la plume ; tous les Pseaumes de Dauid d'vne escriture si belle qu'on ne les prendroit que pour des traits de plume bien delicats ; vn cancre de mer petrifié ; vn canos des Antilles auec les rames ; plusieurs oyseaux, et animaux des Indes et d'Egypte, des miroirs d'acier ; des instruments de Mathematique ; vn petit Pareuant de la Chine, dont les portes se ferment et s'ouurent du mesme costé :

deux liures des simples naturels appliquez et conservez fort curieusement ; plusieurs armes à feu de la Chine, et de la Turquie, et vne Arquebuse à vent.

[A Anvers.] Le 11. Dans la maison des tapisseries nous vismes vne de ces pompes à ietter de l'eau, lors des embrasemens.

C'est vn bassin de bois de quelques six pieds de long, quatre de large, et quatre de hauteur, dans lequel il y a deux pompes qui aboutissent à vn gros tuyau de cuiure qui est au milieu : et ces deux pompes iouent par le moyen d'vn brancard, qui est attaché en dehors par vn axe qui est au milieu, et qui répond aussi au milieu du bassin, aux deux bras duquel de châque costé sont attachez les fers, qui font iouer la Pompe ; comme on le peut mieux voir par la figure suiuante.

Ils ont aussi *en cas d'embrasement* de hautes eschelles qui sont attachées en long contre les murailles des maisons, et qui estant dressées, atteignent au faiste des plus hautes.

Nous fusmes aussi à l'*Imprimerie de Plantin*, qui garde le nom de son premier Autheur, quoy que ce soit le dernier Moretus descendu de son gendre qui la tient. C'est vne assez grande Maison, composée de quatre corps de logis, qui enferment vne cour, rectangulaire ; au milieu de laquelle est vn fort ioly petit Iardin, dont les murailles sont tapissées de pampre fort agreablement, comme presque toutes celles de cette Ville, ce qui fait fort bien auec la brique. Dans le bas d'vn des corps de logis est l'Imprimerie, où 12. presses trauaillent continuellement. Le reste du Logis, à la reserue d'vn quartier bas pour le logement, est remply d'vn exemplaire de châque liure qu'ils ont imprimez, et de quelques autres.

[A Mildebourg.] Le 14. Apres estant allé au logis, ie fus chercher le liure des Insectes, et son Autheur, que ie croyois estre *Marcus Otho* : mais c'estoit d'vn nommé *Goedartius*, qui n'a iamais esté en France; c'est pourquoy ie fus chez le Libraire, qui l'a imprimé, nommé *Firentius* homme curieux, qui me fit voir plusieurs belles coquilles, et trois liures de la Chine, dont l'vn estoit vn Euclide et l'original du liure de Goedartius. Ie vis les promenades qui sont autour de la Ville.

Le 15. ie fus auec M. Firens voir le Peintre Goedartius, qui continue ses experiences des Insectes, qui me dit, que du champignon pourry il s'en engendroit diuerses sortes de vers, qu'il me fit voir dans son liure, qu'il donnera encore dans quelque temps au public. Il est chymiste et sçait oster la faculté hemetique de l'antimoine; et par le moyen d'vne poudre qu'il met fondre dans vn creuset, s'il y met dedans du fer, comme vne lame d'espée, il s'y fond incontinent comme du beurre.

[A Flessingues, le mesme iour.] D'abord nous fusmes voir vn nommé M. Delcorne, que M. Firens m'auoit indiqué, qui a vne infinité de belles coquilles de plusieurs cornes de Licornes, de Rhinoceros, et d'autres curieuses, force animaux et Insectes des Indes, entre autres vn animal approchant de l'Armadillo ou Fatou, nommé le Diable du Iapon, tout couuert d'escailles de

corne, de la forme de l'os de l'oreille de carpe, rayé de
mesme au bout, qui me parut fort curieux, n'en ayant
iamais veu. Il auoit encore plusieurs boëtes depapillons,
de mouches, de cantharides, et d'autres Insectes, dont
la plus belle estoit celle des petits insectes dorez, et
d'autres couleurs. Cét homme est vieil, et cassé, et l'on
pourroit bientost auoir son cabinet à bon prix apres sa
mort. Il y a des fruits des Indes, des petits Canots ou
bateaux des Sauuages, et vne infinité d'autres choses
mal tenûes.

[A Bruxelles.] Le 21. ie fus le matin chercher Monsieur
Longin, que ie n'auois pas rencontré le iour precedent. Il
se plait à la Chymie, et trauaille fort sur les simples,
quoyque peu sur la metallique, estant tout sur la Mede-
cine. Il est tres courtois, et fort ouuert. Outre vne quantité
de liures de Chymie, la plus grande que s'aye veüe, il
a vn Bain-Marie de bois qui s'échauffe par vne vessie de
cuiure, laquelle respond au foyer de la tour *de l'Ata-
nor*, et qui communique ainsi la chaleur à l'eau du bain
par vn canal qui joint ces deux eaux; et ce bain est
diuisé en deux par vn diaphragme, qui empesche que
l'eau ne soit également échauffée, si ce n'est quand on
leue ce diaphragme.

[A Liege.] Le 24. ie fus voir vn des Chanoines de
S. Lambert, qui est aussi du Conseil d'Estat du Prince,
qui se nomme M. Sluz fort honneste homme, et grand
Geometre qui me mena promener par toute la Ville; et
m'enuoya deux exemplaires de son liure intitulé *Meso-
labum.*

Le 25. M. le Chanoine Sluz, me vint voir au logis, où il me promit correspondance, et de m'envoyer des œüillets quand ie luy escrirois.

[A la Haye.] Le 8 [aoust 1663]. ie fus voir le matin M. de Zulcon, chez lesquels ie vis force bons tableaux, et des crayons des habits des Idoles, des Villes, des Temples, des Paisages, et des Vaisseaux de la Chine rapportez de la derniere Ambassade, que Messieurs des Estats envoyerent en ce pays là il y a 4. ou 5. ans, dont M. de Zulcon a enuoyé les originaux colorez à M. Teuenot à Paris. Il y a encor la Tour de porcelaine qui est à la Chine. J'y vis aussi.

Vn nid d'oyseau fait de ce cotton qui croît aux Saules, si artistement fait que ceux qui tricottent des bas ne sçauroient faire vn tissu si bien, ny si serré : on ny voit point au trauers il est espais, et a la figure d'vn sabot dont l'entrée est fort petite à proportion de la capacité de ce nid, qui pend au bout d'vne branche de Saule, qui est fichée à l'endroit du talon de ce sabot de cotton, lequel outre sa mollesse est encor remply du mesme cotton mollet, et peigné au lieu que celuy du nid est tissu et semble estre noüé à chaque point, et les oyseaux font ces nids à Zulcon maison de campagne de ces Messieurs qui m'en ont promis vn. Nous fismes comparaison de nos lunettes, ils trouuerent mon obiectif excellent, comme i'admiray la clarté, et la netteté des leurs, ce qui procede de la disposition, et proportion des deux oculaires, dont ils se seruent, desquels le plus prés de l'œil est vne petite lentille de deux pouces, et demy de demy-diametre, et l'autre est vne grande lentille de 6. pouces de demy-diametre, dont ils se seruent auec vn

11

miroir aux lunettes de 4. à 5. pieds, et sans miroir auec
celles de 24. pieds.

[A Leyden.] Le 13. nous fusmes ches vn Maître de Beyau
pour voir ses tableaux, Il n'y estoit pas, mais bien vne
iolie seruante qui pouuoit confirmer ce que Guichardin
dit de la beauté des femmes de Leyden qui n'egalent pas
pourtant celles que i'ay veües en zelande : De la il me
mena chez le Docteur Gronouius qui faict profession de
l'histoire, où arriua d'Amsterdam M. Vossius qui
retournoit à la Haye ; ce qui m'obligea d'y aller auec
luy pour ioüir de la conuersation de ce docte person-
nage, qui pendant le chemin me dit force belles choses:
entre autres la raison des larmes de verre.

l'Hypothese de M. *Vossius est, qu'estant plongées*
promptement dans leau l'exterieur se glace seulement
tandis que la chaleur qui est au dedans agitant et rarefiant
tousiours les parties, lors qu'elle cesse, les exterieures ne
se pouuant restrecir et reioindre à cause de leur durete
il se faict de necessité du vuide au dedans ou du moins
i'l y reste un air beaucoup plus rare ou moins comprimé (pour parler comme M. Boile) que n'est l'air
ambiant, et lors que cassant le bout vous rompez la
crouste et la muraille qui tenoit enfermé c'ét air estendu, alors l'ambiant, qui est plus pressé, entre par les
pores qu'il trouue ouuerts auec tant de violence qu'il
brise ce qui s'oppose à la suite de son mouuement ; et
selon que ce qui s'introduit a plus ou moins de force,
l'effet en est plus ou moins violent. Ainsi il est plus
violent quand on la rompt dans l'eau, que dans l'air, et
dans le vif-argent que dans l'eau, et si on la chauffe
auparauant, le feu ouurant les pores à l'extremité du

verre, que le froid auoit fait resserrer, il s'y insinue de
tous costés également de l'air, si bien que quand on les
rompt, il n'arriue rien d'extraordinaire qui n'arriue à la
rupture d'vn autre verre : il me dit encor qu'il
croyoit qu'vne vessie fort ample d'vn verre assez délié
pourroit voler dans l'air, si l'ayant fait chauffer pour en
faire sortir l'air par rarefaction on bouchoit incontinant
auec de la cire des Indes le petit trou par où l'air
seroit sorty.

Il adiousta que la vie des animaux n'estoit, que le
feu et le mouuement, comme il se voyoit aux mouches
et aux hirõdelles estouffées dans l'eau, ou par le froid
que la chaleur ressuscitoit.

[A la Haye.] Le 14. ie fus tout le matin chez M. Vossius
qui me fit voir son Microscope, qui n'est qu'vne petite
lentille faite en hemisphere enchassée dans vn petit bois
qui se glisse derriere vne petite table noire, enfoncée du
costé de l'œil, et percée au milieu pour y regarder par
vn tres petit-trou. Il me donna son liure, *de la cause
des vents, et du mouuement de la mer*, qu'il m'expliqua
de viue-voix, l'attribuant fort ingenieusement à l'attraction, ou rarefaction de la mer que le Soleil fait continuellement entre les Tropiques d'vn mouuement d'Orient
en Occident. Il me donna aussi celuy qui est intitulé.
*De Septuaginta Interpretibus, et Chronologia disserta-
tiones. Et Responsum ad obiecta Ioh. de Bruyn et, Petri
Pet'ti.* L'apresdiné ie fus voir le Pere Leon, puis reuoir
M. Vossius qui me dit comment il pretendoit de pre-
uoir les vents, et les tempestes, scauoir par le mercure
qui reste dans le tuyau, lors de l'operation du vuide
qui se hausse, ou baisse selon que l'air est comprimé,
ou estendu, et non selon le chaud, ou le froid.

Le 15. ie fus le matin auec M. d'Arsiliers voir
M. Vossius, qui nous fit voir dans sa Bibliotheque 6. ou
7. grands liures de tous les simples d'Orient, parfaitement bien collés, et conserués auec les fleurs, graines,
semences, et racines, auec les noms et propriétés de
chacun; outre cela quantité de beaux liures Arabes,
entre autres vn Alcoran in folio auec les tiltres, lettres
maiuscules, et vignettes d'or.

Il me dit aussi comment le mouuement du pendule se
pouuoit perpetuer en faisant distiller à chaque mouuement
vne goutte d'eau sur le poids, et cela fort regulierement
par le moyen d'un siphon attaché au fond d'vne escuelle,
qui nage sur l'eauqui s'écoule par le siphon, parce que
cette escuelle s'abaissant par l'abaissement de cette eau,
le siphon s'abaisse de mesme, et ainsi la pression de l'eau
est tousiours la mesme, et l'eau de l'escuelle tousiours
d'esgalle vitesse Pour la faire distiller seulement goutte à
goutte, il ny a qu'à laisser les tuyaux du siphon presque
de mesme grandeur, et que le plus long n'excede l'autre,
que de ce qu'il faut iustement pour faire l'attraction.
Il me parla d'vn homme qui ioignant deux petites
lunettes de longue veüe, voyoit parfaitement les mon-
taignes dans la Lune, il l'enuoya chercher; mais il se
trouua à Delphe [1].

[A Amsterdam.] Le 20. ie fus le matin auec mon fils,
et Gergeau à Oüater reik voir *Otho,* et ses tableaux. l'en
vis vn d'vn calme fait par Vvanderuelde qui est excellent
pour les Mers, ie vis ses papillons, entre autres vn qu'il
nomme la fleche qui a les ailes faites comme celles d'vne

----

[1] Delft.

flesche, il reuint auec moy, et en chemin ayant trouué
M. dans le marché, qui se tient tous les lundis dans la
place de S. Antoine, où l'on vend de toutes choses,
iusques à des chiens, et des chats; il le mena par la
Ville pour chercher quelques curieux qui ne s'y trouuerent pas hors M. Hudd estimé tres habile dans
l'Algebre, et qui a trouué la façon des petits microscopes à vne seule lentille, dont il en donna vn à M. vn
à moy, et vn à mon fils. Il nous dit la maniere de
laquelle il tailloit ces petites lentilles. Il faisoit simplement fondre à la lampe du cristal bien pur de soy, d'où
il oste le sel qui est dedans, en le faisant rougir, car
alors ce sel vient tout à la superficie du verre, dont on
l'oste apres auec facilité : le verre donc estant bien
pur, il en prend vn peu au bout d'vne petite verge de
fer rouge, où il s'en attache la quantité qu'on veut, et
lors le faisant fondre à la lampe, et tournant la verge de
fer, au bout de laquelle il est, il s'arrondit de luy
mesme parfaitement. Quelquefois au lieu de crystal, il
prend vne petite vessie de verre pleine d'eau, qui fait
le mesme effet. Il en a vn autre, où il applique vne
grosse lentille au delà de l'obiect, en telle sorte que le
rayon de la lumiere qui passe par la lentille, illumine
l'obiet. Il me montra aussi vne maniere de faire les qua-
drans : il croit que la raison de l'effet des larmes est.

Que l'air se condense fortement dans ces larmes lors
qu'on les plonge dans l'eau, et qu'il se mesle impercepti-
blement dans le verre, qu'il diuise en vne infinité de particules, lesquelles demeurent enfermées dans la crouste
que le froid fait à l'exterieur de la larme, ainsi d'abord
qu'on la rompt en quelque endroit, où l'air condensé
trouue sa sortie pour s'estendre, il le fait auec vne telle
vitesse, que tout celuy qui est derriere se portant en ce

lieu pour en faire autant, la violence de tant de parties qui font effort en mesme temps, brise le verre qui n'y peut resister.

Le 27. l'aprediné vn homme apporta vn verre découpé et aprit à M. Le Duc d'en faire autant.

Ayant premierement bien eschauffé le bord auec vne mesche, dont le bout soit fort pointu, et quand le bord est fort chaud, il faut le toucher promptement en descen-dant, et non pas en remontant, auec le bout du doigt moüillé de saliue, afin de commencer à le faire ouurir tant soit peu ; puis appliquant la mesche contre la fente et la soufflant elle fait fendre le verre par tous les endroits que vous la conduisez.

Il luy aprit aussi à le coller, l'ayant rompu, et cela,

En délayant parfaitement de la cole de poisson dans vn cueillier sur les charbons auec de l'esprit de vin ; et comme elle est bien liquide, on en frotte les deux pieces qu'on veut reiondre, et elles se colent parfaitement en moins d'vn *miserere.*

Le 28. ie fus pour voir faire des larmes qu'on ne voulut pas me monstrer : puis voir Glauber qui ne tra-uaille plus et n'a point de fournea.ix. Il me fit voir.

Deux pleines fioles d'vne liqueur de couleur de pourpre fort enfoncée qu'il disoit estre vne dissolution d'or. Il me dit qu'il auoit escrit de quatre manieres de feu, dont l'vn se conseruoit interieurement dans vne pierre, laquelle moüillée ou humectée simplement par l'air s'enflammoit, et vn autre qui se conseruoit tousiours ardant dans vne fiole fermée.

C'est toute la satisfaction que i'eus de son entretien :

de là il fus desieuner auec du pain sortant du four et
du beurre; puis voir M. Vossius qui me dit entre autres
choses,

Que non seulement on pouuoit charger vne Arquebuse de vent, mais encore de rien : car si apres auoir
retiré le baston de la seringue, auec laquelle on tire
l'air, et fait par ce moyen du vuide dedans la seringue, laissant aller ledit baston, il rentreroit si violem-
ment dans la seringue qu'il en feroit sortir vne balle ou
fleche, qu'on y auroit mis, auec vne grande force et
vitesse; ayant bouche le haut de la seringue auec vn
cuir. Ce qui marque l'effort de l'air contre les lieux où
il n'y a aucune resistance, et sa compression; et la peine
qu'il y a de le pousser d'vn costé, quand luy mesme ne
pousse pas par derriere, et qu'il na point de lieu où
retourner, et desbander la compression qu'on luy cause:
comme on le voit plus clairement à la maniere auec laquelle
les enfans leuent vne pierre par vn cuir moüillé, qu'ils y
appliquent dessus. Il me dit aussi comme la chaleur rarefiant l'air et le faisant sortir impetueusement d'vne phiole
à long col, penduë horizontalement en equilibre; à mesure
que cét air sort, le col de la phiole s'abbaisse, iusques
mesme à la disposer perpendiculairement, et pour refuter
l'opinion dé M. Hude, qui tient que leffet des larmes de
verre procede de ce que l'air y est condensé : il me
dit qu'elles deuroient dont faire plus d'effet lorsqu'on
les eschauffe; parceque la chaleur, estendant et rarefiant cét air, luy deuroit faire rompre la larme, et qu'au
contraire elle ne faict plus son effect ny dans le feu; ny
dehors, Il me dit aussi comme son opinion estoit que
l'eau fut la matiere de toutes choses et mapporta l'experience qu'il a faite, d'humecter des cendres d'vn mixte
et qu'elles se changent en grains de sable, et qu'il auoit

appris d'autres personnes, que si l'on y adiouste vn
peu de semence d'vn autre mixte ou du mesme, et
qu'on l'arrose seulement d'vne tres petite quantité de
cendres, il s'en fera vne tres grosse plante ou arbre.

Voyage d'Allemagne

[A Cassel.] Le 29 [septembre 1663]. nous allasmes au logis du Sieur de Brostrup qui trauaille admirablement bien au tour, où il fait toutes sortes de figures iusques aux lettres et lignes droites.

Il nous montra des ponts faits d'ais d'vn costé, et de toile cirée de l'autre, en forme de caisses de quelques 6. pieds de long, 2. de large, et vn d'espaisseur, dont tout le dedans est vuide ; des cris qui s'arrestoient sans crochets, comme il en est besoin aux autres. Il nous fit voir le modelle d'vne tente sans pilier au milieu d'vne machine qui pousse 20. pieds de haut de l'eau gros comme la iambe par vn diafragme enfermé dans vne caisse ronde parfaitement d'vn costé du demy cercle, et de l'autre imparfaitement ; lequel estant conduit par vne poulie ronde dans laquelle il glisse, et laquelle a son centre hors de celuy de la caisse, le diametre de laquelle est égal au diafragme, de quelque costé que la polie fasse aller ledit diafragme il touche iustement les deux costés de cette caisse, et pousse l'eau qui y entre

12

du costé de dehors, par le costé opposite, où il y a vn
tuyau appliqué.

Il y a aussi vne maniere de blanchir le laiton, et en
fait des miroirs plus clairs que ceux d'acier.

Premierement il le polit parfaitement avec de l'e-
mery, puis il le trempe dans du vinaigre, où il y a
dedans du sel Armoniac, et aprés il y met dessus vne
couche d'Amalgame de et ♀ ☿ : puis le metant sur
les charbons le Mercure s'euapore, et aprés on le
repolit encor auec l'emery.

[A Trauemund.] Le 16 [octobre]. Ie pesay l'eau de
la Mer, qui se trouua peser seulement 22386. au lieu
que celle de Calais pesoit 22862. et l'eau douce audit
Calais 22274. dont l'equation estoit 49. si bien que la
difference estoit vne quarante vniesme, et presque vne
quarante deuziesme partie et parce que l'equation de
cette derniere n'est que neuf ; la difference d'auec l'eau
douce est d'vne deux cent dix-septiesme et la difference
des deux eaux de mer d'vne cinquante-troisiéme.

[A Magdebourg.] Le 22. ie fus le matin voir M. Otoh
Gerike Bourgue-maistre et tres sçauant dans la Pneu-
matique, chez lequel.

Ie vis vne infinité de vases, pour demontrer la force
elastique de l'air, comme deux hemispheres de cuiure,
desquels l'air estant osté, trente cheuaux ne les pouuoit pas separer. Vn autre, au bas duquel il y a auoit
de l'eau, et plusieurs petits tuyaux qui enfonçoient
dans cette eau, par lesquels ayant fait entrer de l'air,
en tournant les robinets, l'air s'introduisoit dans ce vase

passant au trauers de l'eau, et quand l'espace qui estoit
au dessus de l'eau commençoit a estre tout à fait rempli, l'air faisoit vn extresme bruit, l'on introduisoit de
l'eau dans ce vase par un siphon, dont vn bout se
plongeoit à bas dans vn seau d'eau et l'autre dans
l'orifice d'vn des canaux, qui entroient dans la capacité
du vaisseau par son col, le tout bien garny de bons *ro-*
binets : il auoit aussi un autre globe suspendu en l'air
le col en bas, d'où l'on auoit attiré l'air, auquel appliquant une bouteille de verre quarrée, et ouurant le
robinet, elle se rompoit, et si la bouteille estoit ronde
elle ne rompoit pas, et y mettant la main elle s'introduisoit fortement dedans, et par cét instrument, qui
estoit pendu à un bras de balance, il pese l'air. Il fait
aussi par cét instrument, l'experience, que luy appli-
cant vn autre vaisseau plain d'air, et tournant le
robinet du vaisseau qui est vuide, à mesure que l'air du
plein, entre auec violence dans le vuide, il se forme beaucoup de vapeurs dans celuy qui estoit plein, d'où il con-
clud que lorsque les vents se formēt, c'est que l'air se
rarefie en haut où il laisse les parties aqueuses qui
estoient mélées auec luy, lesquelles se reünissant, for-
moient les nuées. Il fait l'experience du vuide par la
seule eau, et ce par un canal de verre sellé hermetiquement par vn bout, lequel il introduit dās vn long Alam-
bic, et le cimente bien par le col, afin qu'il n'y entre
point d'air, que par vn tuyau qu'il y a au couuercle, auec
vn robinet ; puis il tire tout l'air de cét instrument, et
apres il y fait entrer suffisamment de l'eau, pour sur-
passer l'orifice du canal, de quatre doigts ; alors ayant
bien fermé le robinet il incline l'instrument, et tout le
canal se remplit d'eau : puis il abbaisse l'instrument en
sorte que le canal est presque dressé perpendiculaire-

Pagination incorrecte — date incorrecte

NF Z 43-120-12

lire PAGE 92

au lieu de PAGE 29

ment, et tousiours plein d'eau et son bout ouuert, enfoncé
de quatre doigts dans l'eau, en sorte qu'il n'y peut entrert
aucun air : neantmoins dans ce mesme instant qu'il vie n
au parfait perpendicule ; ce canal plein d'eau se vuide
tout ; par où il pretend de mieux demontrer le vuide
que par l'experience de Torricelly. Il tient que la terre
attire continuellement toutes choses à elle, et pour le
demontrer, il a vn globe de demy pied de diametre fait
à ce qu'il me dit de neuf mineraux, il est iaunastre, et
comme du ciment fort poly, lequel estant vn peu frotté,
il attire de petites feüilles, de certains legumes, et des
plumes de duuets; et ce qui est de plaisant, c'est qu'il
attire ces plumes, puis il les laisse retomber, puis il les
retire et les laisse retomber ; et cela continuellement et
sans fin; il demontre encor l'effet de l'attraction de la
Lune par la Terre, et de l'opposition de la mesme face,
par vn plus petit globe, de mesme matiere, qui conduit
dans l'air ce duuet tousiours de mesme distance, en
quelle part qu'il veut, et tousiours le mesme costé du
duuet tourne contre ce globe; mais si tost qu'on approche vn filet de ce duuet, il se va ioindre au globe, et
ne s'en separe plus, y demeurant comme mort, et tout
ioint en peloton. Il me dit que lors qu'il conduit ce
duuet proche d'vne lumiere, quoy qu'il fasse, il ne s'en
approche iamais assez pour estre brûlé ; au contraire il
se va ioindre au globe. Il a aussi vn Thermometre
particulier d'vn petit homme de bois mis dans vn tuyau
de verre vuide dont partie est enfermée dans une boëtte,
qui empesche de voir s'il y a quelque liqueur dedans, il
ma dit pourtant qu'il n'y en auoit aucune, et tout l'artifice consiste en la matiere, qui soutient la figure de
bois, laquelle glisse librement dans le tuyau, et fait
hausser cette figure par dessus vn cercle peint au dehors,

lors qu'il doit faire beau temps, et quand il doit pleuuoir, comme il faisoit ce iour là, la figure (ou sa main
qui sert d'indice) descend au dessous au bas du cercle,
où il y a plusieurs points marquez, et lors qu'il doit faire
de grands vents, elle descend iusques aux plus bas points.

Il me montra le liure d'vn Iesuite intitulé *Gaspari
Scoti Mechanica Hydraulipneumatica,* à la fin duquel est
vn traitté du dit Sieur Hoto Gerike.

Apres M. le Duc fut voir M. Gerike qui luy fit voir
les mesmes choses que i'auois veües, hors quelques iets
d'eau dans ses fontaines.

Ie tiray à force de l'examiner, que son petit homme,
estoit dans vn tuyau d'où l'air estoit osté, et qu'il estoit
sur vne espece de piston, qui ioignoit si bien, qu'il ny
entroit aucun air : mais que quand celuy de dessous
s'espaississoit, il faisoit monter la figure, et quand il se
rarefioit, il la faisoit descendre. Il fit rompre vne
bouteille quarrée, l'appliquant à un de ces ballons vuidez,
duquel tournant le robinet et l'air de la bouteille
quarrée s'y introduisant, l'ambiant la pressant de tous
costés la rompit. Il fit voir aussi comme ayant vuidé
l'air d'vn recipiant dans vn autre; celuy qui demeuroit vuide, se ternissoit beaucoup; mais à l'instant qu'il y
laissoit introduire l'air, il s'esclaircissoit. Il tient que la
compression de tout l'air ambiant est égale à celle de
quarante pieds d'eau, et il a esprouué qu'il fait monter
l'eau, par vn siphon, jusques à cette hauteur (et non pas
plus) dans vn vaisseau vuide.

[A Dresde.] Le 3. nouembre nous fusmes voir dans
le Palais les chambres des raretez ramassées par l'Elec-
teur Auguste, ainsi disposées.

Dans la premiere, qui est contre le degré qui ne sert que de vestibule pour les autres, il n'y a pas grand'chose de remarquable, aussi n'en fait on pas compte ; i'y obseruay pourtant, le portrait de Vladislaus Roy de Pologne en l'an 1333. c'estoit vn grand homme pour l'esprit, mais tres petit, pour le corps ; ainsi que son potrait fait voir, qui n'a pas 3. pieds de haut : de ce vestibule ou chambre l'on entre dans la premiere, qui se nomme celle des instruments, parce qu'elle est toute remplie de toute sorte de ceux qui sont necessaires pour la Chirurgie, a percer des perles et à tirer l'or, la Menuiserie et autres mecaniques, en bel ordre, bien cōseruez et curieusemēt faits avec le portraict de Luther par *Lucas*[1]. La 2. s'appelle celle des vaisseaux à boire, et aiguieres, diuisés en quatre ; sçauoir vases de cristal, ou il y en a de toutes sortes, de roche, et d'autres ; et *entre autres*, vne des plus grosses et parfaites boules de cristal de roche, que i'aye veu : les seconds sont d'or, ou d'argent doré, enrichis de pierreries, d'esmail, et de coraux : les troisiesmes sont de coquilles, enchassées ; et les quatriesmes d'œufs d'Autruches, noix muscades, vne entre autres taillée en petites figures de bas relief, fort belles et des cocos. La 3. chambre est pleine de Tableaux, mais il n'y en a de bons que d'*Albert*[2] de *Lucas* et vn deluge *de Rubens*, qui est fort du goust des *Caraches* : il y a plusieurs cabinets, et cassettes de toutes sortes, d'iuoire, de nacre, d'ebene d'or esmaillé, de cristal, et vn rocher tout de grosses meres perles. La 4. est toute pleine de diuers instruments de Mathématique, et d'vne petite orgue toute de verre de Bar-

1 Cranach.
2 Dürer.

celonne, tous les tuyaux, et la porte du cabinet : il y a
des tableaux cylindriques, catoptriques, et autres, et
deux niueaux dont ie ne pûs voir l'inuention dans de
petits cubes longs, où vne esguille demeure tousiours
dressée perpendiculairement, quelque inclination qu'aît
le cube, et pour voir le niueau du plan, il faut que cette
esguille responde au milieu, ou centre de la face haute
qui est couuerte d'vn verre. La 5. est toute pleine de
miroirs, planches de cuiure doré, et graué, et de bas
reliefs, comme une grande table ronde de bois, toute
taillée, d'vn beau bas relief, vn petit retable d'Autel à
trois ordres de gamaeus, d'vn si bel ouurage, que ie
l'estime d'aussi grand prix que chose qui soit là, vne
infinité de miroirs concaues et conuexes, d'autres ordi-
naires enrichis d'orfévrerie, et d'autres d'Architecture
d'or, ou d'argent, sizelures, et pareils ornements.
La 6. est pleine de choses naturelles comme diuers
rochers faits de pieces de toutes les mines de la Saxe,
de la Boëme et Hongrie, et construits, comme les
mines, auec des figures, qui representent la maniere
qu'on y trauaille : plusieurs productions des mines d'argent du pays qui au commencement estoient presque
argent tout pur, et comme spongieux; et vne croix fort
bien trauaillée, d'vn pied de hauteur, faite d'vne branche
naturelle d'argent, qui a vegeté en cette façon sur sa
mine ou rocher, auquel elle est attachée, auec quelques
petites branches aux pieds : plusieurs petrifications de
bois, et diuerses de poissons imprimés sur la pierre, des
pierres de foudre d'vne grandeur démesurée, de grands
bois de Cerf, passés dans des troncs d'arbres, qui ont crû,
et les ont enfermés à n'en pouuoir sortir d'vne façon, ny
d'autre, et vn esperon de fer passé de mesme au trauers
d'vne branche de bois. Vne roche d'émeraude, où il y en a

trois, ou quatre brutes, grosses comme des oliues, mais
taillées en cubes parfaits. Vn des plus parfaits oyseaux,
qu'on nomme Roy des oyseaux de Paradis que i'aye
veu, d'vn rouge brun, auec les deux petits filets qui
sont tournés au bout en limaçon ; et vn oiseau dans une
boëtte, qu'ils disent estre le Phœnix conforme à la
description de Pline, lequel a le bec aïgu, comme vne
linotte, ou moineau ; mais à proportion de l'oyseau, qui
paroist de la grosseur d'vne Pie : il est d'vn jaune,
tirant sur le rouge, et a vne Huppe ronde sur la teste,
du mesme plumage, que le corps, non pas à grandes
plumes, comme les Huppes, quoyque la creste soit
aussi grande que les leurs. La 7. chambre est d'auto-
mates, horloges, et pieces d'yvoire, faits au tour. Entre
autres vn grand Vaisseau, auec toutes les voiles, masts,
et cordages, et tous les noms des Ducs de Saxe, dans
le dehors des costes du Vaisseau, lequel est appuyé sur
vn Neptune d'yvoire, auec quatre cheuaux qu'il guide,
qui me parut vn parfaitement bel ouurage ; plusieurs
boules vuidées, les unes dans les autres, et vne où il y
auoit deux ou trois medailles d'yvoire des portraicts
des Ducs de Saxe; plusieurs chaines d'yvoire, à double,
triple, et quatriple boucle. Vn œuf naturel, dans lequel
on attache de chaque costé, vn petit fer de cheual,
auec les cloux, qui entrent, et ressortent : vn noyau
de cerize, sur lequel il y a 120. testes, grauées; entre
vne infinité d'horloges, vne d'or émaillé en forme d'vn
monument, sur le haut duquel, est vne figure couchée
qui tient vn Sceptre en main, qui marque les heures
à un quadran, qui porte les heures, et les fait rouler :
trois horloges à boule, l'vn en tour de cuiure vermeil
doré où il y a dix-sept cercles spiraux ; les minuttes
sont marquées par les diuerses sorties ou ascensions de

a boule : il y en a vn autre dans vn coffre, qui par
vn miroir, fait pairoistre, que la boule remonte, par vn
mouuement horizontal, et vn autre qu'elle monte et
ldescend par vn mouuement perpendiculaire ; il y a
vne infinité d'oyseaux, d'animaux, de figures, de vaisseaux, et autres choses, qui chantent, remuent, et mar-
chent, histoires de la Natiuité, où le Ciel s'ouure, les
Anges descendent, les Mages viennent adorer, et tout
cela sont horloges, dont la plus curieuse est vne qui marque tous les mouuements Celestes, tant du premier que
second *mobile*, et qu'on estime plus de douze mille
escus. Il y a au fond de cette chambre, deux Cerfs
comme nature, l'vn fait de paste toute composée de
corne Cerf, et l'autre fait de bois, couuert de peau, qui
est vn cabinet plein de tous les medicaments, tirés, et
composées des parties de cét animal. Au sortir de là,
nous fusmes voir les animaux, Ours, dont il y en auoit
vn blanc, plusieurs Loups servies, qui sembloient de
petits Lyons, ou de gros Chats, des Tigres, des Lyonn ,
et vn fort beau Lyon, et deux Singes gros et laids dont
l'un auoit le museau bleu, auec des rayes rouges à costé,
et le cul de mesmes couleurs.

[A Nuremberg.] Le 22, nous fusmes chez vn excellent ouurier qui a fait.

Vn carrosse pour le Roy de Dannemarc, lequel auance,
recule, et tourne sans cheuaux par tout, et fait 3000. pas
geometriques en vne heure, seulement par des maniuelles,
que tournent deux enfants, qui sont dans le corps du carrosse, qui font tourner les roües de derriere, et celuy qui
est dedans, tient un baston, qui fait tourner le deuant du
carrosse, ou sont attachées les deux petites roües, pour

braquer à l'endroit qu'il veut. Il auoit une pompe, qui iettoit grande abondance d'eau ; de petits canons d'vn pied de long, qui portent 500. pas : il trauailloit à vne galanterie pour M. le Dauphin, d'vne escarmouche de Cauallerie 'contre vn bataillon d'Infanterie, qui doiuent marcher, et tirer par ressort.

[A Francfort.] Le 13 [decembre]. l'apredisné ie m'amusay a peser l'eau.

Qui se trouua peser 32. cent vingthuitiemes qui sont en tout 22293 'cent vinthuitiemes qui sont 19. cent vinthuitiemes plus que celle de Calais, aussi c'estoit en hyuer, mais d'autre costé c'estoit dans un poile.

Le 17. le froid continuant de plus, en plus, la riuiere charria, et ie fis ces experiences, premierement.

Ie pasay de l'eau qui pese 32.53.128^{es}· et l'ayant mise geler, ma phiole monta en haut, ce qui m'obligea d'adiouster 32.128^{es}· pour voir si l'eau se gelant tout à fait, la phiole monteroit ; mais elle demeura prise en bas et quand ie fis dégeler l'eau, la quantité d'air qui estoit dans la glace, s'attachant à ma phiole, la fit monter et surnager ; mais quand ie les eus ostées, elle redescendit : comme le froid relascha ie n'eus pas moyen de faire d'autres obseruations, sinon qu'à mesure que l'eau gele, elle se forme en longues fentes ou rayes, *comme verges*, et quand elle est gelée, sa surface n'est plus vnie comme'celle de l'eau, mais toute en bosse.

Le 14 [ianuier 1664]. Le soir ie m'occupay à peser l'eau dans le poile, et ie la trouuay peser 32.64. cent vingt-huictiémes qui en tout auec la phiole font 22313.

cent vingt-huictiémes : mais insensiblement l'eau s'es-
chauffant dans le poile et s'allegeant par consequent,
elle le fit insques à ce qu'il y eut 28. cent vint huitiémes
d'ostées et sans lesquelles la phiole enfõça : sibiẽ que
l'eau s'estoit donc rarefiée ou allegée d'vne sept cents
nonante sixiéme partie, apres quoy elle commença à
s'espaissir, soit que le poile commença à se refroidir, soit
qu'il y entra du froid par vne porte qu'on auoit ouuverte.

[A Heidelberg.] Le 21. Apres que M. le Duc se fut
retiré et qu'il eut pris congé de son Altesse [Electorale],
elle s'en alla souper, et si tost qu'elle fut hors de table,
elle m'enuoya encore dire de l'aller trouuer, et me fit
encore l'honneur de souffrir mon entretien insques à
minuit : il ny a guere de choses curieuses dans la Physique et les Mecaniques, dont nous ne parlassions toutes
les fois que i'eus l'honneur d'estre auec elle, et elle ne
pouuoit se lasser d'oüir les pensées des Galilées, des-
Cartes et Boïle touchant les mouuements, les sensations,
la rarefaction et les qualitez dont il me tesmoigna sa
satisfaction par les presents qu'il me fit d'vne de ses
medailles d'or et de cinq de ses monnoyes tant d'or que
d'argent et du liure *de la Physique curieuse du Pere
Schot* qui luy est dedié, et de celuy dans lequel son
droit de Vicaire de l'Empire est expliqué, et qui est
intitulé *Discours sur les affaire d'Allemagne.*

[A Basle.] Le 3 [février]. L'Apredisné nous fusmes
voir le Medecin *Platerus* qui a vn cabinet de choses
naturelles, comme.

Fossiles, minereaux, petrifications, entre autres deux

grandes pieces de pierre noire, à l'vne desquelles est
vn poisson, et à l'autre deux, grands comme des mediocres tenches ; deux ou trois de celles du Mont Sinai,
mais fort belles ; vne infinité de poissons, et animaux
secs, mais peu rares, les plus curieux sont trois liures,
l'vn de poissons, l'autre d'oyseaux, et animaux, et l'autre
d'insectes, et particulierement d'vne infinité de papillons peints au naturel, quelques vns meilleurs pourtant
que les autres, qu'il dit estre les originaux de *Ionstonius*,
entre lesquels il y en a vn de la main d'*Olbens :* il ne
les vouloit vendre, qu'auec dix-huit autres qu'il a de
simples, et fleurs naturelles, appliquées, et colées sur
le papier, et sur la feüille opposée leur image ou
peinte, ou en image grauée, et il vouloit cinq pistoles
de la pièce, et vendre le tout ensemblement.

[A Munik.] Le 24 [feurier]. Entre les choses que
ie remarquay le plus, sont des cristaux de roche
taillés et grauez, plusieurs ouurages en bois et ivoire
delicatement taillés et tournés, bagues et pendants
d'oreilles, où il y a des horloges ; l'espée du Duc
Guillaume dõt la garde et le fourreau sont d'argent taillé
et cizellé, tres pesante, mais ce Duc estoit si fort qu'õ
voit vne pierre à l'ẽtrée du Palais qui pese 440. li.
laquelle il jettoit 12. pieds en haut ; vn Adã et Eue en
bois, ouuragé excellẽt d'*Albert Dure*, d'vn pied de
large ou enuirõ, et d'vn peu plus en hauteur, dàs lequel
outre la beauté du dessein, et de la toile délicate, il y
a vne infinité de choses tãt animaux qu'arbres, et plãtes,
et sur tout la mousse et galle des troncs d'arbres ; vn
autre tableau en cire blanche d'vne descente de croix
de bas relief original de *Michel Ange*, vne façon de

gondole à boire d'vne pierre noire côme le jayet
laquelle blanchit le drap noir quand on la passe dessus
fortement comme si c'estoit de la craye, ils la nomme-
rent ce me semble *Galatitus*, vne autre grande gondole
à boire d've pierre qu'ils disent estre du bois de palmier petrifié à cause qu'il a diuerses veines, et
des pores ou œils comme ceux du palmier, vn
parfaictement joli cabinet d'iuoire blanc tout taillé
de bas reliefs et orné de statuës, dans lequel sont
22. tiroirs pleins de medailles d'or antiques dans la plus-
part desquels il y a 6. medailles aussi curieusement gar-
dées, et couuertes par des planches couuertes de cuir
doré, enchassées dans des tiroirs de sapins d'ôt le deuãt
est d'iuoire ; vn crucifix de cire sur vn rocher composé
de toutes sortes de pierreries comme rubis esmeraudes
turquoises dans leur propre matrice aussi bien que de
l'or, et de l'argent dans leurs propres mines ; des cha-
pelets de perles qui se trouuent dans les moules d'vne
riuière qui vient de Boëme et passant par le Palatinat
se va rêdre dãs le Danube à Passau au même endroit
qu'vne autre qui viêt de Tirol, et lõ̃z têps les trois
eaux demeurent distinctes, et ont differente couleur, et
celle où viennent ces perles, est fort noire et se nomme
Ilts ; plusieurs vases de Rhinoceros auec des sculptures
de bas relief, vn fort beau tableau *de Pietro perugin*,
quelques petits coffrets d'iuoire descoupés à jour, et
autres ouurages de bas relief ouuragé de perles, et
plusieurs ouurages d'or auec des rubis d'Orient

TROISIESME VOYAGE D'ITALIE [1]

[A Venise]. Le 21 [auril 1664]. Nous fusmes pour voir S. Marc, mais il y auoit trop de monde, ce qui nous obligea de remettre la partie à vne autrefois et d'aller à Moran où nous vismes faire des grands miroirs ; ils prenent vne grande quantité de matiere qu'ils soufflent en vne colomne d'vn demy-pied de diametre et de 2. pieds de longueur ; alors ils l'ouvrent par le fond ; puis la remettant au feu ils l'en retirent et laisse pendre si souvent qu'elle s'allonge de la grandeur qu'ils veulent les miroirs, alors ils l'ouvrent par le trou qu'ils ont fait en bas, de l'ouverture qu'il faut pour faire la grandeur du miroir : apres ayant coupé ce cilindre qui a l'ouverture qu'il fait à vn bout, ils y apliquent vn fer pour le tenir par le cercle de cette

---

[1] Le second voyage d'Italie (1660) fut consacré à des affaires particulières, et Balthasar n'en rédigea pas la relation ; mais concernant ce second voyage, il enclava dans le journal du troisième (1664) une digression de laquelle nous extrayons les dix alinéas qu'on lira pages 102 et 103 : « Pesant à Rome..... en retirer l'empreinte. »

ouverture, et pour faire l'autre bout vne mesme
ouverture : alors ils commencent à couper ou fendre à
costé vn peu ce cilindre, et le remettant souvent au
feu ils le coupent enfin tout du long et l'appliquent sur
vne grande pesle de fer, *laquelle ils portent dans vne*
fournaise qui a vne plus grande porte, où ils aplanissent
cette glace en la retournant plusieurs fois; puis la
mettent recuire sur le four : il commanday des Thermometres et autres vaisseaux.

Pesant à Rome *au mois de* May 1660. *les liqueurs,*
i'ay trouué qu'il falloit 855. vases d'eau pour 840. de
vinaigre, et pour 912. *d'esprit de vin, parce que* l'eau
pesoit 855. l'esprit de vin 798. le vinaigre 870. C'est
à dire que l'esprit de vin pesoit 57-855-ᵉ moins que l'eau
ou bien 1-15-ᵉˑ le vinaigre pesoit 15-855-ᵉ plus que
l'eau ou 1-57ᵉˑ et l'esprit de vin pesoit 72 878ᵉ moins
que le vinaigre ou 1-12-ᵉˑ
    Le vin d'Albano pesoit 8.gr.32-64-ᵉ outre ma
phiole le vin rouge 8.g.9-64-ᵉˑ
    L'eau minerale de Rome, dite Acetosa, pesoit le
21. Aoust 1660. 64-4344-ᵉ *de grains* ou plus que ma
phiole 6.g.48-64-ᵉˑ L'eau de pluye le 27. Septembre
4315. ou 6.g.19-64-ᵉˑ l'eau de *pluye le 13.* Octobre
6.g.24-64-ᵉˑ de tres-mauvais goust : celle de fontaine
6.g.25-64-ᵉˑ; celle de pluye le 17. pesoit 25.64-ᵉ sans
mauvais goust venant du toit hors qu'vn peu la terre, et
en mesme temps celle qui fut prise en l'air ne pesoit que
6.g.23-64-ᵉˑ et n'auoit point le goust de terre.
    L'eau de Dampierre le 8. Iuin 1661. pesoit 6.g.27-64-ᵉˑ.
    Celle de Monsieur de la Basiniere le 11. temps plu-
uieux pesoit 6.g. 24-64-ᵉˑ.

A l'instant l'eau de pluye pesoit 6.g.28-64-ᵉˢ.

Le laict le 15. Iuillet pesoit 9.g.6.64-ᵉˢ.

L'or pese 72. l'argent 36. le plomb 36. le cuiure 30. l'acier 27. le fer 26. l'estain 25. l'argent vif 60. experimenté par Gasto Claueus en son Apologie pag. 31.

Le 2. Septembre Monsieur Vvalguestein Danois, nous apprit chez Monsieur Teuenot à imprimer toutes sortes d'herbes sur du papier, en les fumant sur la flamme d'vne lampe, puis les mettant entre deux papiers et passant vn polissoir dessus.

Il nous dit encore comment on pouuoit mouler vn simple en argent, aussi delicatement que le naturel, en le plongeant dans du plastre clair comme si l'on vouloit faire de la chandelle, mais auec telle adresse que les feüilles ne se joignent point, mais demeurent en leur situation naturelle ; puis chargeant le tout de plastre et laissant vn trou pour ietter l'argent ; il le faut faire cuire, et puis chauffer le moule tant que le simple se calcine dedans, d'où l'on le fait sortir, où plustost ses cendres en y versant dedans du mercure, qui va chercher les plus secrets recoins d'où il éleue ces cendres, et alors vuidant le mercure vous y iettez l'argent fondu dans le moule, que vous cassez pour en retirer l'empreinte.

[A Florence.] Le 9 [Iuin 1664]. Le soir Monsieur Vivian me vint voir, qui me dit comment il montroit la pression de l'air par cet instrument.

Ayant remply tant le vase D, que le canal AB de Mercure, rompant le bout du bec H, le Mercure descend iusques à vne certaine hauteur, alors on remplit d'eau fort chaude tout ce lieu du vase D qui est vuide

d'argent vif et d'abord on bouche bien auec de la vessie l'ouverture FF du vase, en sorte qu'il n'y puisse
entrer aucun air, et à mesure que l'eau se refroidit elle
descend iusques au signes DD, et laisse l'espace FD,
vuide : ainsi le Mercure du canal AB, et celuy du vase
despuis M iusques à N, n'est pressé que de l'eau DM,
mais si l'on pique la vessie dont l'on a couvert l'ouverture F, l'air y entrant il peze sur l'eau, et par consequent sur le Mercure du vaisseau qui fait remonter dans
le canal AB le Mercure plus haut que le niueau de celui
du vase.

Il me donna aussi cette seconde maniere d'éprouver
la pression de l'air par deux canaux.

Vn double canal plein de Mercure enfoncé dans vn
vaisseau qui en est aussi plein, puis bouchant l'ouverture du dit canal exterieur, et rompant le bout du bec
qu'il a, l'air s'y introduisant il pressera le Mercure et
fera remonter celuy qui est dans le canal interieur plus
haut que la marque AB, où il estoit descendu à cause
qu'il estoit plus haut de deux pieds et demy comme
c'est l'ordinaire dans l'experience du vuide.

Le 15. nous fusmes au logis où vn Lorrain nommé
Nicolas le Coq qui se mêle de peinture, amena vn
petit fils qu'il a nommé Mathieu, âgé de huit an seulement, lequel des l'âge de six ans commença à faire,
sans sçauoir ny lire ny escrire, toutes les plus difficiles
regles d'Arithmetique, comme les quatre premieres, la
regle de trois, de compagnie, racines quarrées, et
cubes ; et cela à l'instant qu'on luy en fait la proposition : il est assez beau, respond agreablement et spiri-
tuellement aux choses qu'on luy dit, et a le tein vn peu
plombé : ce qu'il fait est si prodigieux, que ce n'est pas

sans raison que plusieurs demandent s'il n'a point
quelque esprit familier.

[A Milan.] Le 23. La chose plus curieuse de cette
ville est M. le Chanoine Septalla Gentil-homme aymé
et honnoré de tous les Princes de la Chrestienté, de tous
les curieux, et generalement de tout le monde : ie le
fus voir d'abord dans le Laboratoire qu'il a dans le
cloistre de l'Eglise d'où il est Chanoine.

Où ie vis ses petits Microscopes tres-bons, et la
maniere de laquelle il torne tous ses verres grands et
petits, puis les polit auec l'estain calciné et deslaié
dans l'eau.

L'apresdiné ie le fus voir chez luy où il me montra
exactement quatre chambres pleines de toutes curiositez,
entre lesquelles ie remarquay.

Vn bois nouuellement trouué aux Indes qui sent
parfaitement la ciuette, et aussi en porte t'il le nom : vn
caillou tirant à l'agate dans lequel il y a de l'eau enfermée en quantité considerable : plusieurs cristaux dans
lesquels il y a dans l'vn deux ou trois gouttes d'eau ; dans
l'autre des herbes comme si c'estoit du foin, et dans vn
autre quantité de foye de porc; et vn d'vn pied de
haut lait en cone et exangulaire, lequel est à demy cassé
à deux doigts du bois, en sorte que les angles ne res-
ponlent plus les vns aux autres, quoy qu'il soit du
reste fortement solide, comme il se voit à la figure : il a
aussi quantité de pieces d'ambre, dans lesquelles il y a
plusieurs insectes enfermés, comme mouches, mouche-
rons cousins, aragnées, et de petites grenoüilles; outres
lesquelles choses il a de toutes autres sortes de curiositez :
plusieurs ouurages d'Amiantos filés et du fil tres-subtil :

il a à ce qu'il me dit le secret de le filer, il distile les
essences en perfection sans odeur d'empireume en
tenant simplemēt la meche de sa lampe couppée tout
contre le bord du canal de cuiure, dans laquelle elle
passe, et il distile toutes choses à la lampe sans les
macerer, et fait puis la separation du flegme, de l'esprit, et de l'huile ; ayant receu toutes ces liqueurs dans
vn vaisseau fait en entonnoir sellé par le bec hermetiquement, afin que les liqueurs pesantes tombent au
fond à leur tour, d'où il les tire les vnes apres les
autres par vn entonnoir de verre en sucçant ; puis fer-
mant auec le doigt le haut du tuyau de cét entonnoir
fait comme il est à la figure : il distile aussi au Soleil
par des verres pleins d'eau comme par autant de
miroirs ardants, et subtilise l'esprit de vin en le dis-
tilant 3. fois à l'ordinaire et la 4. dans vn vaisseau fait
comme il est à la figure, de cinq pieces : il me dit que
le secret de Borri de remettre la veuë à vn animal apres
luy avoir sorty l'œil de la teste, et l'auoir incisé dans
l'humeur aqueuse, pourueu qu'on n'eut point blessé le
nerf optique ny les autres humeurs, estoit de mettre
dans la playe du ius de chelidoine grande, et puis la
couurir auec vn peu du marc ; mais qu'il faut que
l'operation se fasse sur le marbre, et empescher que
l'animal ny touche et ne l'ouure, ce qu'il fera si l'on
n'en a grand soin à cause du prurit que cela luy cause.

TABLE

Achevé d'imprimer
par A. RETAUX, d'Abbeville,
le 16 février 1887.

PRINCIPALES PUBLICATIONS DE M. CHARLES HENRY

SUR L'ORIGINE DE LA CONVENTION DITE DE DESCARTES. *Revue archéologique*, 1878.

SUR UNE PREMIÈRE RÉDACTION DU *TRAITÉ DE LA CONNAISSANCE DE DIEU ET DE SOI-MÊME DE BOSSUET.* Brunswick, Archives de Herrig, 1878.

SUR L'ORIGINE DE QUELQUES NOTATIONS MATHÉMATIQUES, *Revue archéologique,* 1879.

OPUSCULUM DE MULTIPLICATIONE ET DIVISIONE SEXAGESI-MALIBUS DIOPHANTO VEL PAPPO ATTRIBUENDUM PRIMO EDITUM, Halis Saxoniae, H. W. Schmidt, 1879, in-8°.

SUR UNE VALEUR APPROCHÉE DE $\sqrt{2}$ **ET SUR DEUX APPROXI-MATIONS DE** $\sqrt{3}$. *Bulletin des Sciences mathématiques,* 1879.

UN ÉRUDIT HOMME DU MONDE, HOMME D'ÉGLISE, HOMME DE COUR Lettres inédites de Madame de Lafayette, de Bossuet, de Fléchier, etc., à Huet. Paris, Hachette, 1879, in-8°.

HUYGENS ET ROBERVAL, documents nouveaux. Leyde, E. J. Brill, 1879, in-4°.

RECHERCHES SUR LES MANUSCRITS DE FERMAT. Rome, 1879-1880, in-4°.

SUR DIVERS POINTS DE LA THÉORIE DES NOMBRES. *Associa-tion française pour l'avancement des sciences,* 1880.

MÉMOIRES INÉDITS DE CH.-NIC. COCHIN SUR LE COMTE DE CAYLUS, BOUCHARDON, LES SLODTZ Paris, Charavay, 1880, in-8°.

GALILÉE, TORRICELLI, CAVALIERI, CASTELLI, documents nou-veaux. Rome, *Actes de l'Académie des Lincei,* 1880, in-8°.

SUR UN PROCÉDÉ DE DIVISION RAPIDE. *Nouvelles Annales de mathématiques,* 1881.

ÉTUDE SUR LE TRIANGLE HARMONIQUE. Paris, Gauthier-Villars, 1881, in-8°

SUPPLÉMENT A LA BIBLIOGRAPHIE DE GERGONNE. Rome, 1882, in-4°.

NOTICE SUR UN MANUSCRIT INÉDIT DE MYDORGE. Rome, 1882, in-4°.

MÉMOIRES DE CALCUL INTÉGRAL DE JOACHIM GOMES DE SOUZA, publiés avec additions et notices. Leipzig, 1882, in-4°.

LES DEUX PLUS ANCIENS TRAITÉS FRANÇAIS D'ALGORISME ET DE GÉOMÉTRIE, publiés pour la première fois. Rome-Paris, Gau-thier-Villars, 1882, in-4°.

CORRESPONDANCE INÉDITE DE CONDORCET ET DE TURGOT publiée avec notices. Paris, Charavay, 1883, in-8°.

LES CONNAISSANCES MATHÉMATIQUES DE JACQUES CASA-NOVA DE SEINGALT. Rome, 1883, in-4°.

PROBLÈMES DE GÉOMÉTRIE PRATIQUE DE MYDORGE. Énoncés et solutions publiés avec commentaires orientaux de M. Léon Rodet. Rome, 1884, in-4°.

SUR LES MÉTHODES D'APPROXIMATION POUR LES ÉQUATIONS DIFFÉRENTIELLES, mémoire inédit de Condorcet, publié avec une notice sur ses écrits mathématiques. Rome-Paris, Gauthier-Villars, 1884, in-4°.

L'ENCAUSTIQUE ET LES AUTRES PROCÉDÉS DE PEINTURE CHEZ LES ANCIENS. Paris, librairie de l'Art, 1884, in-8° (avec M. Henry Cros).

LES MANUSCRITS DE LÉONARD DE VINCI : Manuscrits A et B de l'Institut. *Revue de l'Enseignement secondaire et supérieur*, janvier 1885.

PIERRE DE CARCAVY. Rome-Paris, Gauthier-Villars, 1885, in-4°.

INTRODUCTION A UNE ESTHÉTIQUE SCIENTIFIQUE. Paris, librairie Hermann, 1885, in-8°.

CORRESPONDANCE INÉDITE DE D'ALEMBERT AVEC CRAMER, LESAGE, CLAIRAUT, TURGOT, CASTILLON, BÉGUELIN, etc., précédée d'une notice sur ses travaux mathématiques. Rome-Paris, Gauthier-Villars, 1886, in-4°.

LETTRES INÉDITES DE MADEMOISELLE DE LESPINASSE, avec une étude et des documents nouveaux. Paris, Dentu, 1886, in-8°.

LOI D'ÉVOLUTION DE LA SENSATION MUSICALE. *Revue philosophique*, juillet 1886.

LA THÉORIE DE RAMEAU SUR LA MUSIQUE. Paris, publication de *la Vogue* ; A. Hermann, éditeur, 1887.

WRONSKI ET L'ESTHÉTIQUE MUSICALE. Paris, publication de *la Vogue* ; A. Hermann, éditeur, 1887.

OPUSCULES PHILOSOPHIQUES ET LITTÉRAIRES DE D'ALEMBERT, publiés pour la première fois avec les lettres inédites à Catherine II, Mademoiselle de Lespinasse et Voltaire. Paris, Morot frères et Chuit, 1887, in-8°.

VOLTAIRE ET LE CARDINAL QUIRINI. Documents nouveaux, in-18.

INTRODUCTION A LA CHYMIE, MANUSCRIT INÉDIT DE DENIS DIDEROT, publié avec une notice sur les cours de Rouelle, in-18.

VIE D'ANTOINE WATTEAU, publiée pour la première fois d'après le manuscrit autographe de M. de Caylus, in-18.

LETTRES INÉDITES D'EULER A D'ALEMBERT, publiées avec notice. Rome-Paris, Gauthier-Villars, 1887, in-4°.

SOUS PRESSE :

NOTICE SUR LE RAPPORTEUR ESTHÉTIQUE de M. Charles Henry, avec tables calculées par M. Bronislas Zebrowski.

CERCLE CHROMATIQUE, présentant toutes les harmonies et tous les compléments de couleurs, avec une notice préliminaire sur le contraste, le rythme et la mesure. Paris, Ch. Verdin, constructeur, grand in-f°.